蔺存宝 / 著

故事里的民法典

中国法制出版社
CHINA LEGAL PUBLISHING HOUSE

序言

用文学情怀书写法律人生

——序蔺存宝《故事里的民法典》

肖胜方[*]

提到律师，人们可能习惯了法庭上滔滔不绝、谈判桌前据理力争、办公室里伏案冥思、公共场合光鲜亮丽的形象。其实，诉讼和非诉讼这些需要委托人付费的业务，只是律师工作的一部分。律师所做的工作中，还有相当多一部分是不赚钱的，我们律师行业内把律师的这类工作称为公益法律服务。

截至目前，全国66万名律师中，大部分都从事过公益法律服务。就广东省的律师而言，自我担任广东省律师协会会长以来的六年间，全省每年有9400多名律师担任村社区

---

[*] 肖胜方：十三届全国人大代表、中华全国律师协会副会长、广东省律师协会会长、最高人民法院特约监督员、最高人民检察院特约监督员、广东省法学会副会长、广东省法官遴选委员会委员、广东胜伦律师事务所主任。享受国务院特殊津贴，荣获全国五一劳动奖章，被评为全国优秀律师、全国维权十大杰出律师、广州十大杰出青年、广州市十佳律师。

法律顾问，每年有20多名律师从事"1+1"法律援助和援藏工作，全省7万多名律师从事的公益法律服务高达上百万件/次。在这些闪光的数字里，就有本书作者蔺存宝律师的奉献。存宝把他执业20余年来接受媒体采访，免费为社会公众答疑解惑，以及发表在报纸、电台、电视台和网络上的零散文字进行梳理，分享经验，这既是对他借助媒体平台从事公益普法工作的总结，也是广东律师行业公益普法的宝贵财富。所以，当存宝在省律协十二届理事会第六次会议上，把他即将付梓的沉甸甸的书稿拿给我，嘱我作序时，我欣然"领命"。

我与存宝的相识始于2009年，那时我是省律协的理事，存宝是青工委和宪法委的委员。在委员会的一次小型座谈会上，我受邀分享律所管理方面的心得，存宝的勤奋好学、热心公益、能写会说，给我留下了深刻印象。后来，我们共同参与省市律师行业的工作多了，交集也就多了。在这期间，我总能在《法治日报》《检察日报》《人民法院报》《广东律师》《上海法治报》等媒体和网络平台上看到存宝发表的大量文章。他的文章获奖了，我为他颁发奖状，就有好几次。

因职业使然，律师个个能说会道，但能说又能写的，只是其中的一小部分，而存宝就是他们中的典型代表。存宝勤于思考，善于创作，在他的文字里，既有专业见解，也有对律师行业发展的思考，还有随笔、小说、散文、诗歌——流淌着睿智、幽默和他对律师行业的炽热情怀。

2016年年底，我履新十一届广东省律协会长之职，存宝当选为常务理事，后来还做了佛山市律协的副会长、监事长。因为工作关系，我们"走得更近了"。根据惯例，新一届律协要组建新的委员会。在我们开会研究委员会主任名单时，存宝的资料被放在律师文化建设工作委员会（以下简称文化工委）主任的候选人资料里。看到他的资料，大家不约而同地想起他在竞选理事时的精彩演讲，最后一句"请大家支持宝宝！"，为他在律师同行心中留下了"宝宝"的美名（后来我们见到他，都叫他宝宝）。存宝乐于为行业奉献，他的写作才能和他对律师文化建设的思考，使他得以担纲广东省律协首届文化工委主任。

任职文化工委主任期间，存宝果然不负众望，把全省律师文化建设工作搞得红红火火。除了文化交流、开展法律职业共同体书画摄影作品创作展等常规动作外，他创造性地为全省律师设立了文化创作基地，开展"广东律师杯"全国小小说征文比赛，"广东律协杯"全国中长篇小说创作大赛，让全国作家和作者书写广东律师和广东律师事业，为宣传广东律师写下了浓墨重彩的一笔。

2020年的一次会议上，存宝送给我一本书——《父亲的至理名言》，这是他的第一本散文集。洋洋洒洒17万字，拳拳赤子之心，情透纸背。存宝在省律协担任委员会主任、副主任，在市律协担任副会长、监事长，还兼职仲裁员、讲师团成员，举行公益讲座，开展公益普法，每年为行业付出上千个小时，还要兼顾律师所的管理和律师业务，有次会议用餐时，我问坐在我对面的存宝："你写文章的时间是哪儿来的？"在高铁上写，在候机楼里写，在飞机上写，在开会时写，半夜做梦醒了爬起来写，甚至有时候开着车，灵感来了，把车停在路边写……当存宝告诉我他发表了50多万字，创作了中长篇小说的秘诀时，我笑着对他说："你的写作秘诀我学不来！"

写文章，存宝无疑是认真的。他把自己写成省作协会员、禅城区作协副主席，他和他的律师所主办的"文学佛山·宝慧时光"大型文学品鉴活动，至今已举办了55期，成为在佛山乃至全省都很有影响力的文学品牌活动。以作家的情怀坚守律师事业，用律师的缜密书写生活，执业写作两不误，存宝做到了。

自2021年1月1日起，被喻为"社会生活百科全书"的、我国首部以法典命名的法律《中华人民共和国民法典》施行。我因为履职全国人大代表，亲历了法典诞生的过程。十三届全国人大闭幕后，我受邀到省人大、省直机关和全省各地市宣讲了70多场《民法典》，存宝也加入了省律协和佛山市组织的《民法典》宣讲团。他根据受众的不同，精心设计了10多个课件，到政府、企业、学校、商会、协会、妇联、社区、乡村，义务宣讲《民法典》120多个场次，引导听讲者养成办事依法、遇事找法、解决问题用法、化解矛盾靠法的法治思维和法治方法。正是由于他在公益普法方面的奉献，佛山首届"最美普法人""禅城好人""佛山好人""全省律师行业优秀党员""全国优秀律师"等荣誉纷至沓来，可谓实至名归。

近些年，随着律师队伍的壮大和专业化建设的提升，律师出书已不再是新鲜事。与那些专业书籍相比，存宝的这本《故事里的民法典》以真实案例为素材，按照《民法典》的编纂体例，采用法律事实、法律关系、法律条文、法理分析和解决路径的解析模式，案例翔实简练，语言通俗易懂，法条援引准确，法理分析深入浅出，解决路径切实可行，既是老百姓拿来就能参照使用的生活普法指引，也是法科生和法律爱好者研习的实用教材。

党的二十大报告指出："弘扬社会主义法治精神，传承中华优秀传统法律文化，引导全体人民做社会主义法治的忠实崇尚者、自觉遵守者、坚定捍卫者……努力使尊法学法守法用法在全社会蔚然成风。"尊法学法守法用法的前提是知法，普法是知法最直接、最有效的途径。广东7万多名律师秉持人民律师为人民的服务宗旨，是公益普法的生力军。存宝的这本《故事里的民法典》，既是总结，也是再出发的号角。"为什么我的眼里常含泪水？因为我对这土地爱得深沉……"诚如艾青的诗句所言，有爱就有力量，有爱就有希望，愿文思泉涌的存宝在他挚爱的公益普法道路上勇毅前行，用文学的情怀，抒写法律人生。

是为序。

2023年5月3日

目 录

第一编 总则

8岁儿童偷买玩具，退货要求合理吗？ / 3
9天年假未休，男子获赔4万元 / 5
本来是买房，交了5万元才知道签的是租赁合同 / 7
初一女生怀孕失学谁之错？ / 9
恋爱时为对方花出去的钱能要回吗？ / 12
美容消费价格不"美丽"，"爱美人士"不要自认倒霉 / 14
美容院关门拒退卡中余额，要用仪器抵扣 / 17
年假没休第二年清零，合理吗？ / 19
女子因迷信未经丈夫同意擅自将小女儿送人 / 22
商家少写一个"0"，百万豪车被秒杀 / 25
为赚人气，网店雇人虚假交易掉陷阱 / 27
砸东西、泼脏水，监控里的女人要负责吗？ / 30
遭遇虚假劳务派遣，劳动者该如何维权？ / 32
找碴儿求开除，男子3年状告20个"东家" / 35

第二编 物权

收房时发现比样板房少10平方米，还少了一个窗户 / 39
"二房东"卷走租金，60多家租户被断电 / 42
"二房东"欠租致使合同解除，次承租人如何维权？ / 45
父母出资买房买车，离婚时能分割吗？ / 48

单独支付的未写到购房合同中的款项，退房时能否要回？ / 51
买房就送平台使用权？小心掉进坑里 / 53
没有多数业主签名就动用维修资金可以吗？ / 56
凭啥砸烂我拍卖到的房子？ / 59
人防车位长租 20 年有没有法律依据？ / 61
榕树"撒野"，别墅业主能否请园林公司"强拆"？ / 63
收房时无故"多"了条横梁，房主只能吃"哑巴亏"？ / 65
天花板漏水楼上住户不配合处理怎么办？ / 67
无须告知业主，新屋即可用作样板间？ / 69
"一房二卖"，我想要回我的房子 / 71
装修有风险，"烂尾"最可怕！ / 73

第三编 合同

"以租代购"给货源？冷链货运新手疑遭套路 / 77
6 万多元买来的宝马车不翼而飞，抵押车能买吗？ / 80
8 节课换了 4 个老师，家长遭遇退费难 / 82
保险，保险，只"保"不赔，好"险"！ / 85
从超市购买的纯牛奶变质，拖了一年仍未得到赔偿 / 87
错还一个充电宝，国庆假期惹烦恼 / 90
贷款不成不退预付款，车行毁约怎么办？ / 93
二手卖家不诚信，为什么要买家来承担损失？ / 95
房贷未确定前别轻易签合同 / 98
房地产中介写错一个字丢了 5.9 万元 / 100
房东私提电价，放言"接受不了可以搬" / 102
附赠的电视机顶盒为什么不能退？ / 104
婚介公司觅姻缘，见一面就要八千元 / 106
寄丢的翡翠手镯只按保价赔付合理吗？ / 109

目录

健身房突然闭店，会员被强制性转店合法吗？ / 111
扣违约金合理吗？家长遭遇教育培训退款难 / 113
等了几个月的家具竟然"货不对版"还有质量问题 / 115
买新车回乡结婚，不料半路爆缸耽误婚礼 / 117
你停业停课凭什么扣我违约金？ / 119
签了八年合同投了八百万元，刚要投产却让搬离 / 122
商家虚标折扣忽悠消费者怎么办？ / 124
退货后不退款，自然人之间交易要小心 / 126
退货退丢了，物流公司不赔怎么办？ / 129
主动为别人家的猫疗伤，能要求猫主人偿还医药费吗？ / 132
为争生意，竟围攻驱赶其他代驾？ / 134
想"捡漏"，赊账1300万元买了200多件"古董" / 136
商家发错沙发颜色，同意换货后新沙发却迟迟不发货 / 139
学舞蹈包就业？"女团梦"该醒了 / 141
意向金和订金能不能退？ / 144
银行卡被限额，储户问："我的取款自由呢？" / 146
泳池更换承包者，游泳卡还能使用吗？ / 149
支付宝大额支付被限，用户该如何维权？ / 151

第四编 人格权

街拍曝光不文明行为，会侵犯他人隐私吗？ / 157
拍大尺度裸体婚纱照是否合法？ / 159
人脸识别日益普遍，小心"偷脸"风险 / 161

第五编　婚姻家庭

男子为争房产与母亲对簿公堂 / 165
经历三年无性婚姻，妻子索赔 20 万元 / 167
女子跨省千里寻找出轨失联的丈夫 / 170

第六编　继承

将部分遗产留给宠物狗，有效？无效？ / 175
女子与临终的老人"闪婚"，是否可分割遗产？ / 177
外嫁姐妹状告堂兄侵占父亲遗产 / 179

第七编　侵权责任

打车被强行扣了 99 元停车费，原因竟是关门过猛 / 183
电动自行车电池充电引发火灾，厂家要担责吗？ / 186
老人被狗绳绊倒身亡，到底谁该负责？ / 189
买盲盒，买惊喜还是买套路？ / 191
男子整形后无法闭眼睡觉，是医疗事故还是医疗过错？ / 194
硼元素严重超标的"网红玩具"，竟是"三无"产品 / 197
比萨中吃出长铁钉，女子向店家索赔千元 / 199
骑手撞人没钱赔，何不设立"电动车交强险"？ / 202
劝酒要负法律责任吗？ / 205
小孩在酒楼吃饭被烫伤，谁的责任？ / 207
小孩在幼儿园摔伤，责任谁担，损失谁赔？ / 209
鳕鱼里有寄生虫，超市称是正常现象 / 212

代后记　我和媒体的不解情缘 / 215

第一编

总则

8岁儿童偷买玩具，退货要求合理吗？

限制民事行为能力人·买卖合同

【故事】

8岁的小欢一周前私自从父母处偷拿了300元，分别购买了一个198元的陀螺玩具以及一个60元的玩具。当他的父亲发现孩子购买高价玩具后，便找到出售该玩具的商家，提出退还198元的陀螺玩具，并要求商家退还货款，但商家拒绝退款。

为此，小欢父亲找到消费者委员会（以下简称消委会）。消委会调查后，确定双方都应承担责任：首先，小欢父亲存在监管不严的问题；其次，商家销售产品时不确定小孩是无完全民事行为能力人就向其销售高价玩具，所以商家向小欢售卖玩具的做法是不正确的，应退款。最后经商定，小欢将198元的陀螺玩具退还给商家，但鉴于玩具已经使用过，商家答应退还八成货款。该商家称，自己既没有诱骗小欢购买玩具，也没有强制他消费，这笔钱确实退得不清不楚。那么，商家的质疑有道理吗？家长要求退钱有法律依据吗？

【故事评析】

本案系涉及民事行为能力争议的买卖合同纠纷。

《民法典》第十九条规定："八周岁以上的未成年人为限制民事行为能力人，实施民事法律行为由其法定代理人代理或者经其法定代理人同意、追认；但是，可以独立实施纯获利益的民事法律行为或者与其年龄、智力相适应的民事法律行为。"

本案中，小欢作为8岁的小孩，实际上并没有货比三家的能力，售价近

300元的玩具，对于该年龄段的孩子而言，属于价值较大的商品，可以初步认定小欢没有自行承担的经济实力，也超出他实际认知能力。小欢是限制民事行为能力人，根据《民法典》第十九条的规定，小欢的父母若不同意小欢购买商家的玩具，视为未经其法定代理人同意或追认，该民事法律行为无效。即便商家不存在诱骗等行为，如果家长要求退还购买的商品并退钱，商家应退回小欢购买玩具的款项。

民事行为能力是民事主体以其行为参与民事法律关系，取得民事权利，履行民事义务和承担民事责任的资格。法律之所以规定年满8周岁的未成年人为限制民事行为能力人，是基于这个年龄段的未成年人的身心发育特征，为了保护他们的权益，保护交易秩序的安全，以维护民事法律关系的稳定。所谓限制民事行为能力，是指自然人独立通过意思表示进行民事法律行为的能力受到一定的限制。限制民事行为能力人实施民事法律行为由其法定代理人代理或者经其法定代理人同意、追认，但是可以独立实施纯获利益的民事法律行为或者与其年龄、智力、精神健康状况相适应的民事法律行为。此外，《民法典》第二十条规定："不满八周岁的未成年人为无民事行为能力人，由其法定代理人代理实施民事法律行为。"无民事行为能力的未成年人是不能独立从事交易活动的，购买物品需要他们的法定代理人或者监护人代为实施。

9天年假未休，男子获赔4万元

财产权利·劳动争议·带薪年假

【故事】

阿才被一家大型企业聘请为副总裁，月薪5万元。然而入职后的第二年，阿才因为工作上的事情和理念不同与该公司产生了矛盾。阿才收到公司的一纸通知，称他的副总裁职务被解除。被辞退的阿才和该公司就年度绩效奖金、经济补偿金等问题未能达成一致。并且阿才想起，他在该公司工作一年多时间，还有国家法定的年假未休，因此申请仲裁，要求该公司支付还没给的年假赔偿金和个人绩效奖金。

由于对仲裁的结果未达成一致，阿才将该公司告上了法庭。那么未休的年假工资应该如何计算？阿才的月薪为5万元，未休的年假共计9天，而法定年假未休应有三倍工资补偿。因此，法院判定公司应该赔偿给阿才的未休年休假工资为41379.31元（50000元/月÷21.75日×9日×200%）。

那么，国家规定的年假一般有多少天？年假工资是劳动报酬吗？年假工资补偿标准是什么？

【故事评析】

本案是劳动争议纠纷。

劳动者获得劳动报酬的权利，属于财产权利的范畴。《民法典》第三条规定："民事主体的人身权利、财产权利以及其他合法权益受法律保护，任何组织或者个人不得侵犯。"《劳动法》第四十五条规定："国家实行带薪年休假制度。劳动者连续工作一年以上的，享受带薪年休假。具体办法由国务院规定。"《职工带薪年休假条例》第三条第一款规定："职工累计工作已满1年不满10年的，年休假5天；已满10年不满20年的，年休假10天；已满20年的，年休假15天。"第五条第三款规定："单位确因工作需要不能安排职工休年休假的，经职工本人同意，可以不安排职工休年休假。对职工应休未休的年休假天数，单位应当按照该职工日工资收入的300%支付年休假工资报酬。"此外，根据《国家统计局关于工资总额组成的规定》第四条的规定，工资总额由计时工资、计件工资、奖金、津贴和补贴、加班加点工资、特殊情况下支付的工资组成。

根据上述法律法规规定，年假工资应当属劳动报酬。未休年假补贴的标准，应该按照职工的前12个月的平均工资来计算，如果未满1年的，就按照实际工作月份的平均工资计算。员工未休的年假补偿，应该按照日均工资的300%来计算。未休年假应该按照月实际平均工资来计偿。工资总额包括奖金、津贴、补贴、加班加点工资和特殊情况下的工资。

因此，带薪的年假未休，劳动者要求单位进行经济上的补偿，是有法律依据的。本案中的计偿公式之所以按照200%计算，是因为该单位对未休的年假，已经按照正常的工资支付给阿才，未补贴应该清偿的部分是200%。

值得注意的是，实践中很多单位规定，如果员工当年的年假没有休，第二年就清零，并且不给补偿，这种规定是违法的。以2018年为例，如果员工没有按照自己工作年限去休应该享有的年假，那么在次年的1月，员工可以看一下自己的工资单中有没有得到相应的补偿，若没有就可以向单位提出，若单位不发放，可以通过申请劳动仲裁要求补偿，主张自己的权利。

实际操作中可能有单位会按照员工的岗位基本工资来给员工计算未休年假的补偿，明显低于平均工资的计偿标准，这种情况下员工是可以主张单位补足的。

本来是买房，交了5万元才知道签的是租赁合同

欺诈·重大误解·合同效力

【故事】

做小生意的朱先生由于小孩要上学而有置业的打算，他看中了某公寓。公寓招商中心的销售人员介绍，该公寓有对应的学位，附近房价每平方米价格已经过万元，而他们这里只卖4000多元，但只有33年的使用权。朱先生觉得很划算，当场就交了5万元的费用，其中包括2万元定金和3万元的装修费，回来才发现，合同上的抬头竟是"使用权转让协议"。

该公寓招商中心的销售人员向找上门来的朱先生明确表示，我们是在租房而不是卖房，物业使用权转让也就是租赁，怎么会有产权问题？你来这里是交租给我们，怎么会有买卖问题呢？所以我们签的合同也是租赁合同。是你自己搞错理解为买房了。协议不是我们逼你签的，是你自己看过以后才签的，对吧？

对于销售人员的改口朱先生并不接受，他说销售人员当时不明说出租，反反复复提到的都是买房，更没有说这是租33年，现在看来，那只是他们的宣传手段而已。他要求对方立即退还他所交的5万元费用。那么，像该公寓招商中心的销售人员这样"卖房"算不算是欺诈行为？朱先生应该怎样去维权？

【故事评析】

本案系合同纠纷，主要涉及合同效力问题。

合同是民事主体之间设立、变更、终止民事法律关系的协议。合同成立并

有效的基本前提是合法和合意。合法是合同不得违反法律、行政法规的强制性规定。合意是符合缔约当事人的真实意思表示。《民法典》合同编中，对那些"非当事人真实意思表示"的合同效力问题，作了较为详细的规定。《民法典》第一百四十七条规定："基于重大误解实施的民事法律行为，行为人有权请求人民法院或者仲裁机构予以撤销。"

具体到本案中，销售人员在营销过程中反复提到"买房"，反复使用"买"字，这其实就是在有意误导消费者，使消费者形成一种误信，让消费者误以为对方是在销售房屋，自己是在购买房屋，而不是租赁。同时，销售人员一直以其租赁价格和附近房屋的买卖价格进行对比，而不是与其他房屋的租赁价格进行对比，也会使消费者误以为自己是在买房而非租房。消费者产生错误认知，且在此基础上缔约并付款，符合《民法典》第一百四十七条规定的基于重大误解而实施的民事法律行为。因此，朱先生可以根据《民法典》的上述规定，主张撤销合同。同时，《民法典》第一百五十五条规定："无效的或者被撤销的民事法律行为自始没有法律约束力。"因此，合同被撤销后，该公寓招商中心应退还已收取的费用。

另外，销售人员对朱先生的营销行为，可能涉嫌构成欺诈。《民法典》第一百四十八条规定："一方以欺诈手段，使对方在违背真实意思的情况下实施的民事法律行为，受欺诈方有权请求人民法院或者仲裁机构予以撤销。"根据上述法律规定，朱先生也可以以商家欺诈为由，主张撤销合同，实现其要求商家退款的目的。

最后，建议消费者在买房时，一定要清楚拟购买标的物的产权状况，对那些"小产权房"，一定要倍加小心，不要只关心价格，更应关注自己将来对标的物的支配状态，是买卖，还是租赁，能不能办到产权证，这是购房前必须清楚的事项，切不可像故事中的朱先生一样。

初一女生怀孕失学谁之错？

行为能力·受教育权·刑事责任

【故事】

13岁的女生小珍（化名）打掉了与15岁男同学小刚（化名）的孩子，对于两人的感情，小珍表示是真爱，发生关系是自己心甘情愿的。小珍的爸爸李先生说，小珍今年刚上初一，暑假期间小珍频频找各种借口不回家过夜，虽然李先生和妻子担心，但每每有"女同学"发短信或打电话报平安，他们也就信以为真了。直到今年9月，刚上初中不到两个星期，老师通知家长小珍身体不适，先后经过两家医院诊断，李先生才得知小珍竟怀了2个多月的身孕。

小刚的父亲胡先生承认小珍的身孕是由儿子小刚造成的，主动垫付了小珍进行人流手术的费用。对于李先生提出的6000元补偿费的索赔要求，胡先生表示目前偿还不起。因为这件事情传开了，学校就把两人都开除了，李先生想要回5000多元的学费，但学校方面要求他签一份《自愿转学声明》才能退款，他只好签了。

国家规定，9年义务教育期间，学校不得以任何理由劝退、开除学生，那应该如何看待这份《自愿转学声明》？小珍怀孕，小刚的行为是否构成强奸罪？小珍的父亲索要的6000元补偿费合理吗？

【故事评析】

本案的核心问题是民事行为能力和刑事责任能力问题。

两位少年的早恋触及了未成年人的受教育权、监护责任、刑事责任年龄等一系列法律问题。

首先，说说这份《自愿转学声明》。

《义务教育法》第四条规定："凡具有中华人民共和国国籍的适龄儿童、少年，不分性别、民族、种族、家庭财产状况、宗教信仰等，依法享有平等接受义务教育的权利……"第二十七条规定："对违反学校管理制度的学生，学校应当予以批评教育，不得开除。"根据上述法律规定，适龄少年有受教育的权利，如果他们违反了学校的管理制度，学校可以批评教育，但不得以此为由开除他们。可见，小珍和小刚学校的做法是违反我国义务教育法强制性规定的。

《民法典》第一百五十条规定："一方或者第三人以胁迫手段，使对方在违背真实意思的情况下实施的民事法律行为，受胁迫方有权请求人民法院或者仲裁机构予以撤销。"如果学校以家长签署《自愿转学声明》为条件，胁迫家长签字后才可以办理退款事宜，则学校的做法涉嫌胁迫。根据《民法典》的上述规定，即使家长在这种情况下签署了这份《自愿转学声明》，事后也完全可以依据法律的上述规定，向人民法院申请撤销这份《自愿转学声明》，从而保障其子女的受教育权利。

其次，说说小刚的行为是否构成强奸罪。

犯罪是严重危害社会的行为。从严格意义上来说，仅从上述简单的文字表述，我们不能得出罪与非罪的确切结论。但这并不妨碍我们用这个案例来讨论一下刑事责任能力问题。刑事责任能力，指行为人构成犯罪和承担刑事责任所必须具备的刑法意义上辨认和控制自己行为的能力。刑事责任能力与刑事责任年龄有关。刑事责任年龄是刑事责任能力的法定年龄，是指刑法所规定的行为人实施刑法禁止的法律行为并承担刑事责任所必须达到的年龄，如果没有达到法律规定的年龄，即使行为人实施了严重危害社会的行为，也不构成犯罪。我国《刑法》规定的刑事责任年龄为16周岁，年满16周岁的人犯罪，应当负刑事责任。但对那些已满14周岁不满16周岁的人，如果犯故意杀人、故意伤害致人重伤或者死亡、强奸、抢劫、贩卖毒品、放火、爆炸、投放危险物质罪的，也应当负刑事责任。如果行为人已满12周岁不满14周岁，犯故意杀人、故意伤害罪，致人死亡或者以特别残忍手段致人重伤造成严重残疾，情节恶劣，经最高人民检察院核准追诉的，也应当负刑事责任。同时，我国《刑法》第二百三十六条第一款、第二款规定："以暴力、胁迫或者其他手段强奸妇女的，处三年以上十年以下有期徒刑。奸淫不满十四周岁的幼女的，以强奸论，从重处罚。"综上规定，我们可以得出的一般结论是，年满14周岁的人奸淫不满14周岁的幼女的，构成强奸罪，从重处罚。可见，案例中的小刚与小珍发生性关系的行为，可能涉嫌强奸罪。

当然，法律出于对未成年人的保护，对未成年人之间发生性关系的行为，作了例外规定。《最高人民法院关于审理未成年人刑事案件具体应用法律若干问题的解释》第六条就明确规定："已满十四周岁不满十六周岁的人偶尔与幼女发生性关系，情节轻微、未造成严重后果的，不认为是犯罪。"根据这个规定，如果案例中的小刚和小珍是偶尔发生性关系，情节轻微、未造成严重后果的，则司法机关有可能不认为是犯罪。

最后，说说小刚是否对小珍承担赔偿或补偿责任问题。

《民法典》第十七条规定："十八周岁以上的自然人为成年人。不满十八周岁的自然人为未成年人。"第十九条规定："八周岁以上的未成年人为限制民事行为能力人，实施民事法律行为由其法定代理人代理或者经其法定代理人同意、追认……"第二十三条规定："无民事行为能力人、限制民事行为能力人的监护人是其法定代理人。"第二十六条第一款规定："父母对未成年子女负有抚养、教育和保护的义务。"第二十七条第一款规定："父母是未成年子女的监护人。"

根据上述法律规定，小刚作为限制民事行为能力人，其实施民事法律行为应该由他的父母代理。也就是说，即使小刚要承担赔偿或者补偿责任，也应由他的父母代为履行。本案中，小珍因接受人流手术导致身体健康受到一定程度的损害，同时还遭受了人格权、名誉权损害等损害结果，小刚的法定代理人即监护人需要代为承担相应的民事责任，而小珍的父亲提出的6000元补偿费的要求，是合理的。

恋爱时为对方花出去的钱能要回吗？

赠与合同·可撤销的赠与·附条件赠与

【故事】

去年8月，冯先生在一家按摩店认识了李女士，她称自己离婚了。双方很快发展成了男女朋友关系。在9个月的交往中，冯先生对李小姐基本上是"有求必应"。李小姐频繁用各种理由让冯先生给她微信转账，或者帮她在网上买手机、化妆品、药物等，算上吃饭等消费，花了冯先生近5万元。

今年4月，冯先生意外发现，女友告诉他的姓名、年龄以及户籍等信息都是假的，年龄少报了5岁，实际年龄已经39岁了，而且未离婚。一怒之下，冯先生将李女士告上法庭，要求她赔偿2万多元。但李女士却说，他们只是顾客与技师的关系，并直言从未喜欢过冯先生。李女士承认当初确实隐瞒了自己的婚姻状况，但她表示自己在娱乐场所工作，这些都是"行规"，至于冯先生称在她身上花了5万元左右，实际上无法计算清楚。

当冯先生发现她有老公之后，双方纠缠不清，李女士想息事宁人却连机会都没有。冯先生报警后，李女士被公安机关传唤接受调查。在此期间，冯先生喝农药自杀未遂，这又增加了她的心理负担，李女士说她已经接近崩溃。

那么，冯先生花在李女士身上的钱能要回吗？李女士谎称自己离婚了，这是什么行为，要负法律责任吗？

【故事评析】

本案是赠与行为纠纷。

《民法典》第六百五十七条规定："赠与合同是赠与人将自己的财产无偿给予受赠人，受赠人表示接受赠与的合同。"第一百四十八条规定："一方以欺诈手段，使对方在违背真实意思的情况下实施的民事法律行为，受欺诈方有权请求人民法院或者仲裁机构予以撤销。"

本案中，冯先生的赠与行为有受欺诈的性质，因受欺诈而做出的赠与行为在法律上来说是可以撤销的，也就是说，原来冯先生赠与李女士的东西，或者是消费时额外支出的费用，冯先生是可以要回来的。但值得注意的是，他到女方的工作场所消费的钱，是不能要回的。因为冯先生是去按摩，去消费，消费时已经享受了相关的服务，故该费用不能退回。

假如冯先生和李女士是真心相爱的，那恋爱中男女互赠的财物分手后哪些可以要回呢？一般情况下，恋爱中男女互赠的财物和一些消费性的赠与属于一般赠与行为，是不可以要回的。但存在以下几种特殊情况：第一，赠与人在赠与期间明确表示是以缔结婚姻为目的的贵重物品，如果双方最终分手，赠与财产附带的条件无法达成，则受赠人基于不当得利应当返还这些贵重物品给赠与人。第二，基于习俗给付彩礼。《最高人民法院关于适用〈中华人民共和国民法典〉婚姻家庭编的解释（一）》中作出了相关规定。简单来说，即一方给付彩礼时如果明确表示是以缔结婚姻关系为条件的赠与，则在双方没有缔结婚姻或者感情破裂后，给付彩礼一方可以要求返还，但是返还的数额应根据具体情况界定。第三，转账红包。如果红包、转账的数额比较大，明显是附有条件的、以缔结婚姻为目的的、借贷或者基于共同生活消费的，则需要根据具体情况进行界定。但是在特殊时间（如七夕节、情人节等）或者以特殊数字形式如"520""999""1314"转账的红包，属于一般赠与，受赠方无须返还。

本案中，李女士明明处于婚姻关系存续期间，却谎称自己已离婚，其行为已构成民法上的欺诈行为。冯先生基于相信李女士离婚，且以结婚为目的向李女士进行了多次赠与。根据上述《民法典》第一百四十八条的规定，冯先生可以以李女士欺诈为由，主张撤销赠与行为，从而达到要求李女士返还财物的目的。而从李女士的角度来讲，目前的局面是其欺骗了冯先生所导致的，其因欺诈而取得的财产，一经法院撤销，即应返还冯先生。

美容消费价格不"美丽","爱美人士"不要自认倒霉

民事权益·可撤销的合同·显失公平

【故事】

辛女士在一家美容美发店文了一双丝雾眉,花费了8.6万元。事后,她的丈夫认为价格过高,明显属于商业欺诈,而辛女士也认为,文过的双眉不对称,于是起诉该美容店欺诈,要求支付三倍赔偿款25.8万元。

经审理,法院认为辛女士文眉时对总费用8.6万元是明确知情的,且该美容店没有超范围经营。辛女士主张该店存在欺诈行为并以此要求被告支付三倍赔偿款,理据不足,不予支持。

不过,法院认为该美容店不能提供充分证据证明所提供的文眉服务收费8.6万元的构成情况,也不能证明该文眉服务应当收取高出普通文眉服务的费用,故收取8.6万元费用明显有失公平和合理,侵害了消费者公平交易的权利。但辛女士明确知悉价格而仍选择购买,本身亦存在明显过错。据此,法院酌定美容店应向辛女士返还70%的费用,即6.02万元。

面对日益增多的医疗美容纠纷,怎样才能提前正确预防,保护好自己的合法权益呢?

【故事评析】

首先,《民法典》明确规定,保护民事主体的合法权益,调整平等主体之间的人身关系和财产关系,禁止任何组织或者个人侵犯民事主体的人身权利、财产权利以及其他的合法权益。《民法典》第一百二十八条将消费者等特殊人群的

合法权益保护纳入《民法典》中，能够更充分地发挥《民法典》的作用，完善《民法典》对于弱势群体特殊保护的体系。本案中，从消费者辛女士的角度来看，辛女士可以依据《民法典》相关规定实现对自身权益的保护。

其次，《民法典》确定了合同的可撤销制度，从而有利于保护消费者的知情权。经营者在提供商品或服务中，采取虚假、欺诈或者其他不正当的手段误导消费者，基于此签订的合同，属于可撤销的合同。《民法典》在民事法律行为的效力一节中规定消费者在因欺诈等导致其意思表示不真实的情况下，有请求撤销合同的权利。这是从合同的角度保护消费者的知情权。因此，在本案中，若消费者辛女士对没有注意或者理解与其有重大利害关系的合同格式条款有异议，可以主张该条款不成为合同的内容。但是由于法院认为辛女士文眉时对总费用8.6万元是明确知情的，因此辛女士不符合这个条款的规定情形，导致维权不利。

最后，根据《消费者权益保护法》第八条规定："消费者享有知悉其购买、使用的商品或者接受的服务的真实情况的权利。消费者有权根据商品或者服务的不同情况，要求经营者提供商品的价格、产地、生产者、用途、性能、规格、等级、主要成份、生产日期、有效期限、检验合格证明、使用方法说明书、售后服务，或者服务的内容、规格、费用等有关情况。"第九条规定："消费者享有自主选择商品或者服务的权利。消费者有权自主选择提供商品或者服务的经营者，自主选择商品品种或者服务方式，自主决定购买或者不购买任何一种商品、接受或者不接受任何一项服务。消费者在自主选择商品或者服务时，有权进行比较、鉴别和挑选。"第十条规定："消费者享有公平交易的权利。消费者在购买商品或者接受服务时，有权获得质量保障、价格合理、计量正确等公平交易条件，有权拒绝经营者的强制交易行为。"因此，在本案中，消费者辛女士完全可以依据法律规定进行知情权、选择权和公平交易权的维权，要求商家诚信经营。《民法典》第五百八十条确定了违约方在一定情形下可以解除合同的规则，对于合同履行过程中出现矛盾纠纷的情形，双方可以通过市场监督管理局等部门调解；调解不成的，消费者可以向法院提起诉讼，请求法院通过裁判的方式解决。因此，本案辛女士通过法院维权的途径是明智的最优选择。

在此提醒：在现实生活中，因金额小或争议点不清晰，或感觉维权麻烦，不少消费者就自认倒霉，没有进入法律程序。除了预付款消费、美容消费等维权案件外，还有价格争议、服务质量和内容问题、服务致人身伤害、以免费名义强制消费等。对此，建议消费者接受服务前应先了解商家的资质，包括经营状况、信用评价等；同时，尽量不要预付款消费。不少商家以打折赠送的名义吸引消费者充值，再用吸纳的预付款去扩大经营，很容易出现资金链断裂，维权难度很大。目前，美容消费领域极少订立书面合同，消费者最好跟商家订立相关的美容服务合同并尽量细化条款。此外，消费过程中，应尽量保存消费证据，譬如给美容产品拍照、保留产品包装，服务过程中及发生争议后，交涉时要录音录像或达成书面协议等，方便后续维权。

美容院关门拒退卡中余额，要用仪器抵扣

营利法人·非法人组织·责任方式

【故事】

张小姐在她家附近的某美容院办理了会员卡，购买了价值约12000元的美容项目，后来又陆续开单购买了新项目。因为该美容院多次更换老板和美容师，之后她就很少去了，但账上还留有四五千元。没料到今年年初美容院悄然关门，张小姐找到美容院实际经营者曾小姐退卡里的余额，但曾小姐的回复让她哭笑不得。曾小姐说她接手以来美容院一直亏损，做不下去就关门了，说用价值1万元的仪器抵扣，但张小姐要求再补5000元。

张小姐不同意这个提议，她希望得到退款，或转手后继续做美容卡的项目。曾小姐说有130多个客人账上还有钱未消费完，如要退款，只能以美容院的美容仪器抵扣。曾小姐还坚称自己不负有赔偿责任，是上任老板骗了她，转手时未依法进行登记，转手给她的客户不应该由她负责赔钱。

那么，曾小姐说自己没有义务承担债务，她拒绝退款的理由成立吗？客人的钱怎么要回来？

【故事评析】

本案是美容服务合同纠纷。

案例中曾小姐拒绝退款的理由是否成立，主要取决于案涉美容院的组织形式以及曾小姐与该美容院前任老板的法律关系，具体分析如下。

实践中，不论美容服务机构的名称如何，其组织形式无非以下几种。

第一，个体工商户。《民法典》第五十四条规定："自然人从事工商业经营，

经依法登记，为个体工商户……"第五十六条第一款规定："个体工商户的债务，个人经营的，以个人财产承担；家庭经营的，以家庭财产承担；无法区分的，以家庭财产承担。"根据上述规定，如果案涉美容院登记的组织形式为个体户，张小姐的预付款消费行为发生在前任登记经营者经营期间，前任经营者依法要对该债务承担责任。曾小姐作为现在的实际经营者，即使没有变更商事登记，其对张小姐的预付款债务亦应承担连带责任。

第二，有限责任公司。《民法典》第七十六条规定："以取得利润并分配给股东等出资人为目的成立的法人，为营利法人。营利法人包括有限责任公司、股份有限公司和其他企业法人等。"我国《公司法》第三条第一款规定："公司是企业法人，有独立的法人财产，享有法人财产权。公司以其全部财产对公司的债务承担责任。"据此规定，如果该美容院登记的组织形式是有限责任公司，则其股东的变更不影响公司对张小姐的预付款债务承担责任。也就是说，曾小姐不得以股东的变更为由，拒绝履行公司债务。

第三，合伙企业。根据《民法典》第一百零二条第二款的规定，合伙企业是非法人组织。《民法典》第一百零四条规定："非法人组织的财产不足以清偿债务的，其出资人或者设立人承担无限责任。法律另有规定的，依照其规定。"根据《合伙企业法》第二条第二款的规定，合伙人对合伙企业债务承担无限连带责任。如果案涉美容院登记为合伙企业，则除该美容院作为债务主体外，美容院的前任合伙人和现任的合伙人，均应对张小姐的预付款债务承担清偿责任。

第四，个人独资企业。根据《民法典》第一百零二条的规定，个人独资企业也是非法人组织。因此，《个人独资企业法》第二条规定："本法所称个人独资企业，是指依照本法在中国境内设立，由一个自然人投资，财产为投资人个人所有，投资人以其个人财产对企业债务承担无限责任的经营实体。"如果案涉美容院是个人独资企业，则其前任投资人应对张小姐的预付款债务承担清偿责任。如果现任老板曾小姐是该企业的实际经营者，张小姐也可以主张其承担连带责任。

第五，未依法登记的自然人经营。若美容院根本就未进行工商登记，是自然人经营的，则前任经营者和现任经营者均应对张小姐的债务承担责任。因为从消费者的角度来看，消费者是冲着经营实体而做出的选择，而曾小姐是该经营实体的实际经营者，故其应该对张小姐的债务承担清偿责任。

年假没休第二年清零，合理吗？

劳动者权益·年假·经济补偿

【故事】

你的年假都休完了吗？对于符合条件的劳动者，未休年假应当获得用人单位的经济补偿。据一次网络调查显示，79.6%的网友年假不休会要经济补偿，还有17%的网友不会要经济补偿。尽管多数网友在微博上吐槽，不敢要经济补偿，除非想被公司开除。然而，也有网友留言表示，即使能拿到经济补偿，也不希望牺牲自己的年假。他们认为，忙碌的一年里，还是希望能够通过休年假获得充分的休息，保证身心健康。

如果"年假"和"经济补偿"能自己选，你会选哪个？从发布的调查结果来看，45%的网友选择了年假，而38%的网友选择了经济补偿。选择后者的网友表示，反正年假注定是休不了的，为何不要点经济补偿呢？也有人表示，即使是休年假，也会变成变相在家远程工作。选"年假"，还是"经济补偿"，每个人的出发点都不一样。值得注意的是，实践中很多单位规定，如果员工当年的年假没有休，第二年就清零，并且没有补偿。用人单位这样做合理吗？

【故事评析】

本案例涉及劳动法律关系，是劳动法律关系中有关劳动者休息权的问题。

《民法典》第三条规定："民事主体的人身权利、财产权利以及其他合法权益受法律保护，任何组织或者个人不得侵犯。"劳动者在用人单位工作满一年或以上，依法享有休年假的权利，用人单位不能擅自取消或克扣劳动者依法享有的年假。在年假的计算上，法律明确规定职工累计工作已满1年不满10年的，年休假5天；已满10年不满20年的，年休假10天；已满20年的，年休假15天。国家法定休假日、休息日不计入年休假的假期。

《职工带薪年休假条例》第五条规定："单位根据生产、工作的具体情况，并考虑职工本人意愿，统筹安排职工年休假。年休假在1个年度内可以集中安排，也可以分段安排，一般不跨年度安排。单位因生产、工作特点确有必要跨年度安排职工年休假的，可以跨1个年度安排。单位确因工作需要不能安排职工休年假的，经职工本人同意，可以不安排职工休年假。对职工应休未休假天数，单位应当按照该职工日工资收入的300%支付年休假工资报酬。"因此，如果用人单位规定劳动者当年没有休年假，年假到第二年就清零，并且不给补偿，这种规定是违法的。劳动者可以查看工资单上有没有年假补偿，若没有可以向单位提出，单位不发放，可以通过劳动仲裁主张自己的权利。劳动者未休的年假补偿，应该按照日均工资的300%来计算。

《职工带薪年休假条例》第七条规定："单位不安排职工休年休假又不依照本条例规定给予年休假工资报酬的，由县级以上地方人民政府人事部门或者劳动保障部门依据职权责令限期改正；对逾期不改正的，除责令该单位支付年休假工资报酬外，单位还应当按照年休假工资报酬的数额向职工加付赔偿金；对拒不支付年休假工资报酬、赔偿金的，属于公务员和参照公务员法管理的人员所在单位的，对直接负责的主管人员以及其他直接责任人员依法给予处分；属于其他单位的，由劳动保障部门、人事部门或者职工申请人民法院强制执行。"据此规定，如果劳动者遭遇用人单位不安排职工放年假或不予以日均工资的300%进行年假补偿的，劳动者首先可以向用人单位提出主张，要求用人单位安排落实年假制度或落实年假补偿，如协商不成劳动者则可以向劳动监察部门或劳动者所属的工会组织反映。另外，除了与用人单位协商和向有关部门反映之外，劳动者还可以申请劳动仲裁向不履行落实年假制度的用人单位提出劳动仲裁，提出年假补偿。

其实，如果要想让"带薪休假""年假不休给予补偿"等真正落实下去，最重要的还是出台相关政策，加强对企业的监管，提高企业的违法成本，同时劳动监察部门落实工作职责认真执法，这样才能切实保障劳动者的权益。此外，劳动者也需要提高劳动维权意识，了解相关劳动法律知识，以合理合法的维权方式进行劳动维权，以免自身的劳动权益遭受不法侵害。

女子因迷信未经丈夫同意擅自将小女儿送人

民事行为能力·监护·收养

【故事】

邱某今年23岁,是两个女儿的妈妈。她老公在广州经营药材生意,一直亏损。生意亏损导致夫妇俩经常吵架,加之家人经常生病,迷信的邱某认为,一切不顺皆因5个月大的小女儿——属蛇的小女儿与属虎的丈夫"相克",便萌生了把小女儿送人的想法。邱某跟朋友阿玲说起此事,阿玲想起自己姐夫的妹妹丧失生育能力,一直想收养个女儿,于是一口答应帮助邱某。

阿玲姐夫的妹妹陈某在阿玲的安排下见到了邱某母女,爽快地答应收养。邱某忍痛割爱,并拒绝了陈某夫妇给的1000元营养费。邱某还写下一张"收养证明":"我自愿将孩子托付给陈某抚养,所有法律后果全由我本人承担……"邱某害怕丈夫追问,便谎称孩子已被人拐卖,她自己也被对方控制,要求丈夫准备20万元。丈夫只好向公安机关求助,这宗"拐卖儿童"案件很快便水落石出。

那么,孩子的母亲邱某及介绍人阿玲究竟有没有触犯法律?

【故事评析】

依据《民法典》第一千零四十二条第三款的规定,禁止家庭成员间的虐待和遗弃。遗弃是指家庭成员中负有赡养、扶养、抚养义务的一方,对需要赡养、扶养和抚养的另一方,不履行其应尽的义务的违法行为。此处"需要赡养、抚养和抚养的成员"是指家庭中年老、年幼、患病或者其他没有独立生活能力的人。此处的"没有独立生活能力",是指不具备或丧失劳动能力,无生活来源而需要其他家庭成员给予供养，或虽有一定的经济收入但生活不能自理而需要其他家庭成员照顾的情况。此处的"赡养、扶养、抚养"不仅指物质上的供养，还包括生活上的帮助、照料以及精神上的抚慰。遗弃行为的受害人往往是家庭中的老弱病残者和缺乏独立生活能力的人，这就使得遗弃行为具有更大的社会危害性。《民法典》也明确规定遗弃行为的受害人提出请求的，人民法院应当依法作出支付扶养费、抚养费、赡养费的判决；遗弃家庭成员构成犯罪的，受害人可以向人民法院自诉；导致离婚的，无过错方有权请求损害赔偿。

同时，我国《刑法》第二百六十一条规定："对于年老、年幼、患病或者其他没有独立生活能力的人，负有扶养义务而拒绝扶养，情节恶劣的，处五年以下有期徒刑、拘役或者管制。"这里所指的情节恶劣，通常是指被遗弃人因生活无着而被迫到处乞讨，遗弃动机卑鄙、遗弃手段十分恶劣的，由于遗弃造成病、残、死亡等后果的情况。由于遗弃而引起被遗弃人精神失常、自杀、死亡后果的，属于同一行为同时触犯多个罪名的，根据刑罚的择一重罪处罚原则，依照处罚较重的规定定罪处罚。

未成年人是祖国的未来和民族的希望，《民法典》扩大了监护人的范围，进一步严格了监护责任，对撤销监护人资格的情形作出了明确规定。本案中，孩子的母亲邱某构成遗弃罪。父母是未成年子女的法定监护人，有保护被监护人的身体健康、照顾被监护人的生活、管理和保护被监护人的财产等义务。孩子母亲邱某的遗弃行为严重损害了被监护人的身心健康和合法权益，依照《民法典》第三十六条"监护人有下列情形之一的，人民法院根据有关个人或者组织的申请，撤销其监护人资格，安排必要的临时监护措施，并按照最有利于被监护人的原则依法指定监护人：（一）实施严重损害被监护人身心健康的行为；（二）怠于履行监护职责，或者无法履行监护职责且拒绝将监护职责部分或者全部委托给他人，导致被监护人处于危困状态；（三）实施严重侵害被监护人合法权益的其他行为。本条规定的有关个人、组织包括：其他依法具有监护资格的人，居民委员会、村民委员会、学校、医疗机构、妇女联合会、残疾人联合会、未成年人保护组织、依法设立的老年人组织、民政部门等。前款规定的个人和民政部门以外的组织未及时向人民法院申请撤销监护人资格的，民政部门应当向人民法院申请"的规定，孩子母亲邱某的监护人资格应当予以撤销。

关于孩子母亲邱某未收取费用的问题，不构成"拐卖儿童"。此案中的女婴才5个月，母亲应该承担抚养孩子的责任。《民法典》第一千零九十七条规定："生父母送养子女，应当双方共同送养。生父母一方不明或者查找不到的，可以单方送养。"该案中，邱某因迷信小女儿生肖与丈夫"相克"，将小女儿送养他人但没有收取费用，不属于刑事案件中的"拐卖儿童"；且事发后小女儿被顺利解救回来，没有受到任何伤害，邱某的行为是由于迷信所致，警方可不追究其相关法律责任。邱某自称因怕丈夫追责才谎称女儿被绑架，要求丈夫准备赎金20万元，有可能是为了逃避法律责任，并非内心真实想法。其欺骗丈夫小孩被绑架的行为，涉嫌构成诈骗罪。

商家少写一个"0",百万豪车被秒杀

重大误解·撤销权·缔约过失责任

【故事】

张女士某日凌晨接到朋友的电话,说"××在线"不知道是搞促销还是什么原因,一款宝马车只卖17万元。张女士到相关网页一看,卖家标注的车价果然是17万元。正好家人近期计划换车,她毫不犹豫地下了单,并全额支付了17万元款项。张女士查询后得知,该车的市场价在170万元左右,感到十分开心。可没过两天,张女士就接到来自店方的电话,说是车价标错了,愿意退款并向她道歉。张女士当然不接受,她拨通"××在线"的投诉电话,工作人员说会尽快处理。没想到的是,订单被取消了。这让她感到很气愤。张女士上网看到另一个电商平台对商家标错价格的处理有明确规定,如果拒绝发货,就要赔偿消费者30%的损失,也就是5.1万元。另外一名在"××在线"花17万元买宝马车的消费者也表示,不同意商家单方面取消交易的做法,将和商家对簿公堂。

负责这款汽车销售的北京某汽车专营店工作人员表示,该店员工在价格输入时少标了一个"0",所以,原价170万元的车变成了17万元,有十多名消费者已经下单,对此他们深表歉意。目前,商家正在和客户协商解决方案。那么,商家把价格少标了一个"0",这样的买卖合同真的成立吗?顾客下单并成功支付,商家拒绝发货算违约行为吗?

【故事评析】

本案是机动车买卖合同纠纷。

《民法典》第四百六十九条规定:"当事人订立合同,可以采用书面形式、口头形式或者其他形式……以电子数据交换、电子邮件等方式能够有形地表现所载内容,并可以随时调取查用的数据电文,视为书面形式。"案涉宝马汽车买卖合同,由张女士等买受人和销售商家通过网络电子交易方式订立,依法对双方当事人具有法律约束力。

但问题的关键是,170万元的宝马车,商家称被错误地标价为17万元,商家所主张的工作人员失误,导致买卖双方产生纠纷。要解决该争议,就要厘清以下几个问题。

第一,商家所称的工作人员操作失误,是真实情况,还是商家为了吸引眼球故意为之?如果是后者,商家的行为构成欺诈。我国《消费者权益保护法》第五十五条第一款规定:"经营者提供商品或者服务有欺诈行为的,应当按照消费者的要求增加赔偿其受到的损失,增加赔偿的金额为消费者购买商品的价款或者接受服务的费用的三倍;增加赔偿的金额不足五百元的,为五百元。法律另有规定的,依照其规定。"根据上述规定,商家应该向张女士等买受人承担涉嫌欺诈的法律责任,如果被认定为"三倍赔偿",商家这次的"神操作",代价可不小。

如果商家确实是因工作人员的操作失误,少输入了一个"0",导致其所标的出卖价格与该宝马车真实价格不符,并引发买卖双方争议。则商家所标的价格并非商家真实的意思表示。《民法典》第一百四十六条第一款规定:"行为人与相对人以虚假的意思表示实施的民事法律行为无效。"据此规定,商家可以以该标价系其虚假意思表示为由,主张合同无效,从而避免损失。

第二,如果合同被认定为无效,消费者的损失应由谁承担责任呢?这涉及缔约过失责任问题。所谓缔约过失责任,又叫先契约责任或者缔约过失中的损害赔偿责任,是指在合同订立过程中,一方违背其依据诚实信用原则和法律规定所承担的义务,致另一方的信用利益遭受损失时,应承担损害赔偿责任。就本案而言,如果商家的缔约行为给张女士等买受人造成损失,商家需要承担缔约过失损害赔偿责任。当然,至于张女士等买受人的具体损失,则有待其举证证明。

为赚人气，网店雇人虚假交易掉陷阱

消费者权益·侵权责任·违约责任

【故事】

阿海开了一家网店，销售各种商品，包括保险柜。由于如今客人买东西都看重店铺的人气、评价和信誉度，出现了越来越多的网站帮助网店经营者增加销量，刷钻网就是其中之一。从去年年底开始，阿海试图通过刷钻网用"另类方式"增加自己网店的人气。上个月月底，网站开始出现了一些异常的征兆，但阿海并未在意，直到最近，登录网站时出现了一个公告，他才发现自己被骗了。

据公告称，平台的某负责人利用监控软件盗用了网站大量的发布点数和现金后失踪，平台方已经向公安局报案，其间网站的一切业务将暂停。阿海有4000元的担保金存放在该网站上，如今无法取回。像他一样被这个网站骗钱的人还有很多，从几百元到几万元不等。由于阿海雇用了他人虚假购买自家商品，已经通过刷钻网将钱转账到买家商户，无奈刷钻网暂停业务，资金被封存，如今又被一批买家投诉到网店所在的平台，阿海估计，他的网店可能被封，并且还要额外退款……阿海这种钻空子不诚实的经营行为算不算违法？他的损失通过什么方式才能追回？

【故事评析】

《民法典》第一百四十六条规定："行为人与相对人以虚假的意思表示实施的民事法律行为无效。以虚假的意思表示隐藏的民事法律行为的效力，依照有关法律规定处理。"由此可知，电子商务经营者以虚构交易为目的与他人通谋订立网络购物合同，双方系以虚假的网络购物意思掩盖真实的"刷销量、赚报酬"意思，该民事法律行为无效。本案中，阿海试图通过刷钻网用"另类方式"增加自己网店的人气，其与网站运营者双方通谋实施的刷销量行为客观上已产生了虚假订单，造成了网络营商环境的损害，且阿海系自行决定投入款项，故对于阿海为赚取刷单的盈利而投入的款项，依法不予保护。

随着《民法典》的颁布，消费者基本权利的保护将更加受到重视。虚假宣传行为是对消费者基本权利的损害。刷单行为属于虚假宣传，这种行为在法律上属于引人误解的虚假宣传行为，对消费者的生命健康权、知情权、自主选择权都将造成侵害。虚假宣传将使经营者面临严重的法律责任。对于产品经营者来说，以虚假宣传方式侵犯消费者权益，还可能面临工商部门的行政处罚。首先，虚假宣传行为可能违反《消费者权益保护法》。根据该法第五十六条的规定，对经营者虚假宣传行为，由工商行政管理部门责令改正，可以根据情节单处或者并处警告、没收违法所得、处以违法所得1倍以上10倍以下的罚款，没有违法所得的，处以50万元以下的罚款；情节严重的，责令停业整顿、吊销营业执照。其次，虚假宣传行为可能违反《反不正当竞争法》。根据该法第八条和第二十条的规定，经营者对商品性能、功能等作虚假或引人误解的商业宣传的，由监督检查部门责令停止违法行为，处20万元以上100万元以下的罚款；情节严重的，处100万元以上200万元以下的罚款，可以吊销营业执照。最后，虚假宣传行为可能违反《广告法》。根据该法第二十八条的规定，广告不得含有虚假或者引人误解的内容，不得欺骗、误导消费者。广告以虚假或者引人误解的内容宣称商品的性能、功能、产地、用途、质量、规格、成分等，欺骗、误导消费者的，对购买行为有实质性影响，构成虚假广告。

此外，虚假宣传行为还可能涉及《产品质量法》《食品安全法》有关规定。而当以上法律发生竞合时，以广告方式作引人误解的虚假宣传行为应优先适用特别法，即《广告法》。虚假宣传行为情节影响严重的还可能触犯《刑法》。

在现有的互联网快速营销模式下，产品经营者、广告经营者、发布者或制作者仍应注意宣传方式可能带来的法律后果。《民法典》时代，消费者应熟悉了解法律所赋予公民的基本权利，积极运用法律武器维护自身的合法权利。阿海与网站合作，涉嫌伪造虚假记录，提高信用度，这本身已经涉嫌违法。阿海的行为违法是一回事，但不能因此剥夺其维权的权利。建议阿海保留电子邮件、出款凭据，买卖记录，以及第三方登记信息等以备维权之用。

律师提醒，刷单本身就是一种不正当竞争行为，它损害了消费者的知情权和公平交易权，也侵害了诚信卖家的利益，严重扰乱经济秩序。网络兼职刷单、刷信誉行为已被明令禁止。网络刷单是虚假交易，属于违法行为。各位商家要诚信经营，勿尝试刷单行为，不贪不占不作假，莫让不法分子有可乘之机。

砸东西、泼脏水，监控里的女人要负责吗？

财产权·侵权责任·证据

【故事】

某小区一位住在五楼的业主投诉，他家的大门玻璃被砸碎了，六楼监控拍到了住在他家正对面的女士，她先上六楼把一住户门口的香炉砸烂了，还把对联撕了，下楼后就听到很响的一声，时间与五楼住户家门玻璃碎的时间是一样的。现在怀疑就是监控拍到的这位女士砸了他家的门玻璃。

业主们在业主群讨论，在楼道里出现很多奇奇怪怪的事，如泼脏水、丢鞋子、撕门联等一系列搞破坏的事情，业主们怀疑都是那位女士做的。保安说，她一有不满就会出现这种搞破坏的行为，但也没有办法证实。物业跟警察都到过破坏现场。警方要送这位女士去做精神鉴定的话，需要跟她的家属沟通，但她的家属不愿意去做精神鉴定。那么在这种情况下，这位女士需要对业主们反映的破坏行为承担法律责任吗？

【故事评析】

本案例涉及公民财产权和侵权责任纠纷。

《民法典》第一百一十三条规定："民事主体的财产权利受法律平等保护。"第一千一百六十五条第一款规定："行为人因过错侵害他人民事权益造成损害的，应当承担侵权责任。"根据上述规定，如果监控中的女士故意损坏邻居的财产，应当承担损害赔偿责任。

但是，我们从故事所述中，就视频所拍到的内容而言，可以初步判断，实施故意毁坏他人财物行为的嫌疑人就是居住在五楼的这位女士。但不能因为监控拍到一次这位女士有从事这种涉嫌破坏他人财物的行为，就反过来推定小区当中发生的类似行为都是她做的，我们不能进行这种"有罪推定"。故事中毁坏财物及其他的一些不文明行为是否是这位女士所为呢？这一点还是要在有其他证据证明的情况下才能进行认定。

在这种情况下，笔者建议：第一，作为这位女士的邻居同时也是财物被毁坏的受害人一方，可以向物业报告，在物业配合下查明事实。第二，业主的财物被毁坏之后，也可以向公安机关报案，由公安机关根据视频中拍到的内容，结合当事人的体貌特征，来确定具体的实施毁坏他人财物的当事人。如果经查明果然是这位女士做的话，她实施的这种行为，是不是一个正常的成年人所为的行为，有待于办案机关对她再做进一步的行为能力鉴定。

当事人是否具备完全的行为能力，是限制行为能力还是无行为能力，可以由公安机关依法查明。假如她是一个完全行为能力人，是一个正常的成年人，她就应当对自己实施的行为承担相应的法律后果。比如，至少要负责赔偿、停止侵权等。如果她故意毁坏公、私财物的行为达到一定的量，也就是达到一定的案值，还有可能涉嫌犯罪。假如这位女士涉嫌违法或者犯罪行为，那么她有义务配合办案机关进行相应的行为能力鉴定。如果她本人或家属拒绝鉴定，那么办案机关可以根据她本人的表现，来初步判断她是否具有这样的行为能力，也可以采取强制措施对她进行相应的行为能力鉴定，即使她不愿意，并不影响公安机关依照有关法律程序执法。

遭遇虚假劳务派遣，劳动者该如何维权？

劳动关系·劳动合同·劳务派遣

【故事】

一位健身教练通过熟人介绍，入职了一家健身俱乐部当教练。签合同的时候，给他签的是一份空白合同，上面没有写公司名称等具体内容，签好后公司马上就收走了。后来公司又让他签了一份新的空白合同，这时他看到公司名称写的是某地的一家人力资源公司，项目是劳务派遣，派到另外一个健身俱乐部，跟他现在所在健身俱乐部名字不一样。

他很奇怪，自己明明还在这边，怎么就被外派到了外地？后来他在工资条上看到是外省的一家人力资源公司给他发的工资，发了2000多元，他的个税App上也显示这家人力资源公司给他按2000多元的月工资申报的个税，而实际上他的月收入是1万多元，另一笔钱是从一个个人账户转给他的。他觉得奇怪，怀疑公司是在偷税漏税。他也好奇，为什么到健身俱乐部干了半年多，最后却变成了劳务派遣，他觉得这其中一定有问题。现在他被拖欠了工资，他工作的那家公司也一直没有给他缴过社保，他想去维权却又不知道该告哪家公司。

【故事评析】

本案是一起劳动争议纠纷。

《民法典》第一百一十三条规定："民事主体的财产权利受法律平等保护。"第一百八十六条规定："因当事人一方的违约行为，损害对方人身权益、财产权益的，受损害方有权选择请求其承担违约责任或者侵权责任。"《劳动法》规定，劳动者享有平等就业和选择职业的权利、取得劳动报酬的权利。劳动者就业并获得劳动报酬，是劳动者作为民事主体，依法享有的财产权利，受法律保护。

案例中提到的劳务派遣，是用工方式的一种。实践中，凡是涉及劳务派遣的，多数是指接受劳务用工的一方，通过劳务派遣的方式来弥补自己用工的不足。一般来讲，接受劳务派遣用工的单位，并非主要的劳务或最主要的岗位使用劳务派遣，比如说一个生产型的企业，清洁人员可以用劳务派遣，但是不能所有的工种都用劳务派遣，这是非常少见的。所以在实践中，很多用人单位为了规避或逃避劳动法的责任，采用劳务派遣的方式，甚至是虚假的劳务派遣的方式来解决用人单位的用工问题。

就本案而言，该健身教练是通过熟人介绍到健身俱乐部从事具体的教练工作，他所就业的用人单位，就是他提供劳务的这家健身俱乐部，而不是在外地的某个劳务派遣公司。健身俱乐部后来在这位教练不知情的情况下，签署了一些协议，把真实的用工变成了一个劳务派遣行为。在涉及有关工资薪金、劳务报酬发放时，由劳务派遣公司给这位教练发放一部分，再由私人账户支付另一部分，这种方式变相地规避了国家有关社保费用的缴纳，以及个税缴纳，可能涉嫌偷税或者逃税。从这一点来说，这是健身俱乐部的责任，而不是劳动者的责任。

如果把真实的劳动关系，通过各种文件包装的方式，伪造成一个假的劳务派遣关系，这实际上对劳动者维权是不利的。为什么这样讲呢？如果在劳务派遣的情况下，健身教练跟健身俱乐部之间就没有直接的劳动关系，变成了他跟劳务派遣公司之间的劳动关系。那么劳动者在维权的时候要向谁维权？要向他的派遣公司来维权，这样无疑增加了维权的成本和劳动者维权的负担，也增加了劳动者维权的复杂性。尤其是一个外地的劳务派遣公司，可能劳动者根本就不知道这个公司。

如果是虚假劳务派遣，那么劳动者可以不承认这种虚假的劳务派遣，直接向他提供真实劳务的用工单位来主张权利就可以了。另外，在出现这种情况的时候，劳动者还可以向劳动监察部门进行举报，以维护自身的合法权益。

通过本案，需要提醒劳动者的是，第一，在签劳动合同的时候要看清楚，是不是你所提供劳动的这家单位跟你签合同，如果不是这个主体，而变成了其他的主体，可以拒绝签合同。第二，劳动者要知道劳动报酬来源于哪里。这个案例当中劳动报酬被拆分了，在这种情况下劳动者要注意，因为你的劳动报酬应该来源于你所提供劳务的用人单位，将来万一用人单位辞退了你，你要主张经济补偿金或者经济赔偿金，而这是按劳动报酬总额来赔偿的，就是用人单位发放的前 12 个月的平均工资。但如果工资被拆分了，在将来涉及经济补偿金或者经济赔偿金劳动仲裁时，就不能够按照工资总额，而应按照公司所发的部分工资计算。在这种情况下，劳动者的权利会被削减。

找碴儿求开除，男子 3 年状告 20 个"东家"

民事主体·劳动争议·诉权滥用

【故事】

瞿某入职某家电公司任职保安员，双方没有签订书面劳动合同。随后瞿某就多次不服从工作安排，严重违反劳动纪律，因而被单位辞退。不久，某家电公司被瞿某告到劳动仲裁委员会，进而提起诉讼，理由是该家电公司违法解除劳动合同，要求支付未签订书面劳动合同的二倍工资、违法解除劳动合同的赔偿金等。由于某家电公司给不出不签订合同的合理解释，瞿某的诉求最终得到支持。

办理该案的法官称，瞿某最近 3 年内，到法院起诉了近 20 家企业，理由高度类似，让人不得不怀疑其打官司的动机，问题到底是出在企业身上，还是劳动者个人的诚信方面。为此，法院建议企业、行业协会建立相关信息库，对其中涉嫌滥用诉权以达到不当获利目的所谓的"劳动者"，尽量避免录用。对于这种以高度类似理由先后状告 20 个"东家"的人，用人单位应该如何防范，不让他屡屡得逞？

【故事评析】

本案是劳动争议纠纷。

《民法典》第三条规定："民事主体的人身权利、财产权利以及其他合法权益受法律保护，任何组织或者个人不得侵犯。"第四条规定："民事主体在民事活动中的法律地位一律平等。"第六条规定："民事主体从事民事活动，应当遵循公平原则，合理确定各方的权利和义务。"第八条规定："民事主体从事民事活动，不得违反法律，不得违背公序良俗。"

在这个案例当中，瞿某和企业分别作为劳动合同关系的民事主体，其法律地位是平等的。双方在处理劳动关系权利和义务的过程中，都应当遵循公平原则，不得违反法律规定，不得侵犯对方的合法权益。同时该案又是典型的企业用工操作不规范被钻了空子的案例。

首先，我们对这种行为不认同，因为这种行为已违背了国家制定《劳动法》和《劳动合同法》等劳动法律法规的初衷。在劳动法律中，在员工严重违反公司规章制度、给公司造成重大损失等情况下，公司可以直接开除员工，且不用承担任何经济补偿。但是，如果属于公司违法开除的情况，劳动者是有权利向劳动监察部门发起投诉并要求劳动仲裁，获得应有的经济补偿的。对于公司无故开除、辞退员工，应按《劳动合同法》第四十七条"经济补偿按劳动者在本单位工作的年限，每满一年支付一个月工资的标准向劳动者支付。六个月以上不满一年的，按一年计算；不满六个月的，向劳动者支付半个月工资的经济补偿。劳动者月工资高于用人单位所在直辖市、设区的市级人民政府公布的本地区上年度职工月平均工资三倍的，向其支付经济补偿的标准按职工月平均工资三倍的数额支付，向其支付经济补偿的年限最高不超过十二年。本条所称月工资是指劳动者在劳动合同解除或者终止前十二个月的平均工资"的规定进行赔付。《劳动合同法》第八十七条也规定："用人单位违反本法规定解除或者终止劳动合同的，应当依照本法第四十七条规定的经济补偿标准的二倍向劳动者支付赔偿金。"

此外，根据以往的经验，劳资双方不签订合同的原因，大部分出在企业方面。有些用人单位是为了不给劳动者购买社会保险以节省成本，有些用人单位则是认为不签合同可以随时更换劳动者，用人更方便。一些企业的负责人，特别是中小企业的老板认为过了三个月试用期再和劳动者签合同也不晚，但其实试用期也要签订合同，规定试用期有多长时间。另外，也有一些劳动者故意拖延不签的，他们有的想试试工作合不合适，有的不想买社保而直接将钱兑现，更有甚者就是案例中的瞿某之流。

苍蝇不叮无缝的蛋，通过这样的个案也可以看到，有些用人单位的做法本身就不规范，这样的案例也警示企业经营管理人员要依法规范管理，不要让不怀好意的人钻了空子。

第二编

物权

收房时发现比样板房少10平方米，还少了一个窗户

买卖合同·违约责任·消费维权

【故事】

两年前，阿芳购买了一套复式商品房，面积为94平方米，总价160多万元。今年收房时，发现自家房子与买房时所看的样板房存在明显差异，不仅房子的面积小了，二楼房间还少了一个高窗。同一时间，同栋楼的20多名业主收房时也发现了同样的问题。经测量公司测量得知，与样板房相比，入户花园和二楼小房间的面积合计少了约10.54平方米，少了高窗属于房间功能性缺失。业主们找到房地产公司相关负责人协商，并提出两个解决方案：一是退房，开发商退还业主购房款及后续产生的所有费用，并赔偿首付的利息，另赔付总房价10%的违约金；二是补偿，赔偿少面积、少窗的损失共34.35万元。

据业主出示的第一次协商现场录音显示，房地产公司一方承认"未告知（业主）二楼少了面积"，但只同意按购买时的价格退还购房款，不附带任何责任。阿芳等人表示无法接受。双方多次协商未果，阿芳等业主随后提出补偿车位、改造房子、补偿物业费的方案，房地产公司回复称无法满足这些条件，但可为业主减免1年的物业费，地面停车位也免费给业主使用1年。对此，阿芳等业主仍无法接受。那么，业主们希望退房或得到赔偿的请求合理吗？开发商"货不对板"又该承担什么样的责任？

【故事评析】

本案是商品房买卖合同纠纷。

本案中，业主与开发商争议的焦点是，案涉房屋的面积是否减少以及开发商向业主交付的房屋是否缺少高窗。业主方主张案涉房屋面积减少，且缺少高窗的依据是与样板房对比得出的结论；而开发商主张交付的房屋符合合同约定标准，是与合同约定对比的。综合业主、销售人员和开发商的说法来看，本案属于看样买卖。

根据《民法典》第六百三十五条"凭样品买卖的当事人应当封存样品，并可以对样品质量予以说明。出卖人交付的标的物应当与样品及其说明的质量相同"的规定，凭样板房买卖的，开发商交付的房屋就应当与样板房相同。如果案涉房屋与样板房存在差异，在销售的时候就应该向消费者说清楚。《民法典》第五百零九条规定："当事人应当按照约定全面履行自己的义务。当事人应当遵循诚信原则，根据合同的性质、目的和交易习惯履行通知、协助、保密等义务。当事人在履行合同过程中，应当避免浪费资源、污染环境和破坏生态。"在本案中，阿芳与开发商签订的商品房买卖合同是双方的真实意思表示，合法有效，开发商应当按照约定全面履行自己的义务。

同时《民法典》第五百七十七条规定："当事人一方不履行合同义务或者履行合同义务不符合约定的，应当承担继续履行、采取补救措施或者赔偿损失等违约责任。"在本案中，开发商明确此后交付的房屋面积变小，并且二楼房间少一个高窗，此时构成违约，阿芳有权要求赔偿损失。

当然，假如销售人员故意隐瞒房屋的差异，甚至欺骗消费者，构成销售欺诈。根据《民法典》第一百四十八条"一方以欺诈手段，使对方在违背真实意思的情况下实施的民事法律行为，受欺诈方有权请求人民法院或者仲裁机构予以撤销"的规定，在本案中，如果业主在这个时候知道自己被欺诈了，可以根据他们与开发商的合同约定，向法院或者仲裁机构申请撤销合同，终止交易。根据《民法典》第一百五十五条"无效的或者被撤销的民事法律行为自始没有法律约束力"的规定，他们和开发商的买卖合同如果被撤销，就没有法律约束力。也就是说，开发商要向消费者退款并支付占有款项期间的利息。

总之，购房者买房时，要注意及时关注开发商履行约定的情况，维权应合法，诉求应合理，要正当维护自己的合法权益，通过合法渠道提出诉求。同时，开发商在销售商品房时，应坚持诚实守信用原则，不作误导性、夸大性的前期宣传，同时在订立商品房买卖合同过程中，要充分尽到提示说明义务，让消费者全面准确了解所购买房屋的架构、户型、配套设施等信息，而不能利用自身专业优势地位，进行片面甚至虚假引导，这样才能让企业走得更远。

"二房东"卷走租金，60多家租户被断电

租赁合同·转租·代理

【故事】

陈小姐在逛某大型商城时，偶然看到商城有公寓出租的广告，便致电上面的联系人林某求租。林某自称是公寓"房东"，双方谈妥了租金、水电费用等，陈小姐还见到了另一名"房东"张某。拿到钥匙的陈小姐爽快地与林某签订了合同。可过了没几个月，陈小姐的房间突然停电，她想找"房东"林某了解情况。但奇怪的是，林某的电话显示是空号，她的微信也被林某拉黑。陈小姐和其他同样遭遇停电的租户与物业公司交涉，物业公司称，由于林某没有及时缴纳房租，公司才停电追缴欠费，建议租户们找林某解决问题。

直到此时，陈小姐才明白，林某并不是房东。无奈之下，租户们只好先补交水电费，并报警求助。受影响的60多家租户基本上都是和张某签订的合同，也有少数租户直接向林某租房，租金、水电费也是交给林某，每月租金从500元到2000元不等。公寓开发商证实，他们确实将60多套公寓交给张某出租管理，但和林某不存在租赁关系。今年以来租金一直拖欠，目前，公寓开发商已准备起诉张某、林某二人，并与租户们协商解决接下来的租赁问题。那么，这60多家租户签订的合同还有效吗？有哪些"止损"的办法？

【故事评析】

本案例属于租赁合同纠纷。

《民法典》第七百零三条规定："租赁合同是出租人将租赁物交付承租人使

用、收益，承租人支付租金的合同。"第七百一十六条第一款规定："承租人经出租人同意，可以将租赁物转租给第三人。承租人转租的，承租人与出租人之间的租赁合同继续有效；第三人造成租赁物损失的，承租人应当赔偿损失。"

根据以上法律规定，如果租户是直接与林某签订租赁合同的，且林某与张某之间不构成代理关系的，则租户与林某所签订的租赁合同无效，原因在于林某既不是房东或承租人，也没有取得相关代理租赁的授权，订立合同的主体不适格，因此签订的租赁合同无效。在此种情况下，租户可以采取法律程序向林某提起民事诉讼追究其民事责任，情况严重者甚至可以报警处理，可主张林某的行为涉嫌构成诈骗，追究其刑事责任。

如果租户是与张某签订租赁合同的，签订的次承租合同是否有效，需要经过出租人公寓开发商的同意或追认。至于林某和"二房东"张某的行为是否构成欺诈，需要判断其主观上是否具有故意欺骗他人，使对方当事人在错误的认识判断下，作出错误意思表示的民事法律行为。其中，林某和张某故意隐瞒房屋出租人的真实情况，误导陈小姐等其他租户误认为林某和张某就是一手房东从而签订租约，致使租户的利益受损，林某和张某的行为涉嫌欺诈，陈小姐等租户可以追究其法律责任。

《民法典》第七百一十九条规定："承租人拖欠租金的，次承租人可以代承租人支付其欠付的租金和违约金，但是转租合同对出租人不具有法律约束力的除外。次承租人代为支付的租金和违约金，可以充抵次承租人应当向承租人支付的租金；超出其应付的租金数额的，可以向承租人追偿。"如果公寓开发商承认张某和陈小姐等租户的转租关系，陈小姐等租户可以直接向公寓开发商代张某支付租金、水电费，充抵应付给张某的租金，并可以就超出的租金数额向张某追偿。同时，如果暂时没有找到"二房东"张某，租户们可以找到房屋业主，与物业管理员协商。物业和公寓开发商在追讨拖欠租金、水电费时可走法律程序，对承租人张某提起诉讼，不提倡采取停水停电的过激行为，激化各方矛盾，不利于租金拖欠问题和租赁关系的妥善解决。

建议租户在签订房屋租赁合同之前，要求出租人出示房产证等相关证件证明物业权属，以确认出租人的出租资格。同时建议向有关部门登记备案，保障出租人和承租人的权利。若确认为转租的，承租人需要征得出租人的同意才能签订转租合同。当遇到与代理人签订房屋租赁合同的情况时，则更需要确认代理人授权文书，以确认代理人的身份资格，同时与出租人确认实际的授权状况，之后才能签订租赁合同。

"二房东"欠租致使合同解除，次承租人如何维权？

租赁合同·转租·违约责任

【故事】

罗先生是A物业管理公司的法定代表人，他作为乙方向B物业公司（甲方）租赁了一个商业广场的停车场，租赁限期15年，合同中注明由于甲方经济困难，双方协商后同意由乙方也就是罗先生一方投入80万元先行建设。但是就在罗先生接手停车场运营一个多月后，就收到一份当地经联社发放给商户的通告，通告当中写明B物业公司自承租商业广场的物业以来，共拖欠经联社租金近400万元，要求其于一个月内将款项返还，否则解除物业租赁合同。通知还提到，商业广场的商户不受影响，只要将后续租金直接转账到经联社指定账户就可以了。

罗先生也把租金交了，但其投资建设的道闸系统还是被强拆了，罗先生还收到一份告知终止履行租赁合同的邮件，落款为B物业公司。告知书写明公司已解除同经联社的合同，签署了场地交还确认书。B物业公司还称，因内部发生争议纠纷，公章有被盗用嫌疑，也就是说，罗先生之前签的合同可能会成为一纸空文。经联社工作人员表示，原来的物业公司已将整个场地以及场地当中的设备，当然也包括道闸系统，整体交还给了经联社，经联社现在是在维护自己的场地，拆除自己的设备也是合法合理的。那么，罗先生受"二房东"欠租连累无法正常营业，这究竟是谁之责？他又该如何主张自己的权利？

【故事评析】

本案例属于租赁合同纠纷。

本案中，B物业公司作为承租人与经联社签订了租赁合同，但未按照合同约定按时支付租金。《民法典》第五百六十三条对合同法定解除事由作出了规定："有下列情形之一的，当事人可以解除合同：（一）因不可抗力致使不能实现合同目的；（二）在履行期限届满前，当事人一方明确表示或者以自己的行为表明不履行主要债务；（三）当事人一方迟延履行主要债务，经催告后在合理期限内仍未履行；（四）当事人一方迟延履行债务或者有其他违约行为致使不能实现合同目的；（五）法律规定的其他情形。以持续履行的债务为内容的不定期合同，当事人可以随时解除合同，但是应当在合理期限之前通知对方。"即合同一方有上述情形之一时，另一方可以行使单方解除权。对于B物业公司拖欠租金不付的情况，经联社有权以其违约为由解除合同，收回租赁物业，要求B物业公司支付拖欠租金及违约金。

同时B物业公司作为"二房东"，与罗先生签订了租赁合同，但其终止履行租赁合同的理由是其拖欠租金导致物业被收回，合同无法继续履行，这并不属于能够行使单方解除权的法定情形，即使B物业公司声称合同所盖公章是被盗用的，如果是甲方公司或者是甲方公司的股东内部原因造成的，根据《民法典》第一百七十二条的规定："行为人没有代理权、超越代理权或者代理权终止后，仍然实施代理行为，相对人有理由相信行为人有代理权的，代理行为有效。"也就是说，盗用公章并不必然导致合同无效，若行为人的行为构成表见代理，那么合同就是有效的。但如果罗先生因物业被收回，自身权益遭受了损失，他只能向原来的物业承租人，也就是向B物业公司主张权利。

《民法典》第一百八十六条规定："因当事人一方的违约行为，损害对方人身权益、财产权益的，受损害方有权选择请求其承担违约责任或者侵权责任。"据此规定，按照双方租赁合同的约定，如果B物业公司的行为构成违约的，罗先生就可以要求B物业公司承担相应的违约赔偿责任，有关设备设施的损失也可以向B物业公司请求赔偿。

另外，如果罗先生有证据证明，道闸系统等可移动的物品是自己后期投入的，经联社就不能够无偿将这些物品收回，因为罗先生在整个租赁过程中并不存在任何违约行为,他一直按照合同约定正常向B物业公司交租,在这种情况下,经联社不得因为承租人违约而无偿收回次承租人的设备设施。《民法典》第二百三十五条规定:"无权占有不动产或者动产的,权利人可以请求返还原物。"假如经联社已经把罗先生的设备设施收回,罗先生享有返还原物请求权。

父母出资买房买车，离婚时能分割吗？

不动产·赠与·离婚

【故事】

成叔和蓉姐在婚后生了孩子小智，名下已经有两套房子的成叔和蓉姐想多买一套房。因为当时的限购政策，他们就以小智的名义去买房。在获得房贷审批后，他们分别以转账和现金的方式将购房贷款及房产装修款给付小智，由小智向银行还贷，并支付房产相关的一系列装修费用。小智和小姚登记结婚后，小智当时在没有告知父母的情况下，就将小姚的名字加至该房产证上。小姚婚后又以自己的名义买了一辆汽车，车款也是由成叔和蓉姐支付的。

结婚8个月后，小姚向小智提出离婚，在诉讼中要将上述房产及汽车作为夫妻共同财产进行分割。成叔和蓉姐也向法院提出诉讼，要求法院将儿子和儿媳名下的房产以及婚后买的汽车归还到自己名下。法院最终认定了房子和车子应视为赠与，为小智和小姚夫妻共有，驳回成叔和蓉姐的全部诉讼请求，主张讨回房子和车子无事实和法律依据，法院不予支持。

成叔和蓉姐很委屈，一直觉得自己一方有理，那法院为什么会驳回他们的诉讼请求呢？

【故事评析】

本案涉及不动产物权纠纷和离婚财产分割纠纷。

《民法典》第二百零八条规定："不动产物权的设立、变更、转让和消灭，应当依照法律规定登记。动产物权的设立和转让，应当依照法律规定交付。"第二百零九条第一款规定:"不动产物权的设立、变更、转让和消灭,经依法登记,发生效力;未经登记,不发生效力,但是法律另有规定的除外。"第六百五十七条规定:"赠与合同是赠与人将自己的财产无偿给予受赠人,受赠人表示接受赠与的合同。"第六百五十九条规定:"赠与的财产依法需要办理登记或者其他手续的,应当办理有关手续。"

根据《民法典》及相关司法解释,父母出资购房,登记在子女名下,可视为父母对子女的赠与。在婚姻存续期间,一方将婚前个人财产加上配偶的名字,可视为将个人所有财产变更为夫妻共同共有,其实质同样是夫妻间的赠与。

本案中,由于小智的赠与行为已经完成交付,权利已经转移,合同履行完毕,所有权已经转移。案涉房产应当遵循上述法律关系变化,该房产已经是夫妻共同财产了。因此,父母此时想讨回房子并无依据。

另外,因为动产是以交付占有作为所有权公示的方式,登记只是具有对抗效力。因此,婚后父母出资为在婚姻存续期间的子女购买动产的,该动产应当视为父母对其夫妻二人的共同赠与。与案涉房屋同理,父母此时想讨回汽车也并无依据。

为了界定婚前财产是否属于夫妻共同财产的问题《最高人民法院关于适用〈中华人民共和国民法典〉婚姻家庭编的解释(一)》第二十九条第一款规定:"当事人结婚前,父母为双方购置房屋出资的,该出资应当认定为对自己子女个人的赠与,但父母明确表示赠与双方的除外。"按照这样解释,这一情况原则上推定是对自己一方子女的赠与行为。同时,该司法解释进一步明确,当事人结婚后,父母为双方购置房屋出资的,依照约定处理;没有约定或者约定不明确的,按照《民法典》第一千零六十二条第一款第四项规定的原则处理。即婚后购买房产的,就要看父母出资和购买时的意思表示,如果没有作任何特别解释的,那就视作没有约定,那购置的房屋就是夫妻共同财产了。

那么,在日常生活中类似的纠纷如何避免呢?所有条款的规定都有一个前提,就是当事人另有约定的除外。父母要想这个房产是自己子女的个人财产的话,可以婚前买,且只登记在自己子女的名下。如果婚后买,也可以约定该购买的房屋是只赠与其中一方的。这样有了约定的依据，该房屋就是只属于自己子女的个人的财产，不属于夫妻共同财产。除此之外，父母也可以选择通过协议公证、设置抵押等方式来实现这一目的。

单独支付的未写到购房合同中的款项，退房时能否要回？

买卖合同·商品房预售合同·违约责任

【故事】

刘女士在某楼盘购买了一套房子，当时总价是 88 万元，其中有 7 万元她是通过扫二维码支付的，当时售楼处的工作人员对她说 7 万元可抵 15 万元，但是这 7 万元并没有写到购房合同里面，购房合同里房子的总价是 81 万元。刘女士的银行贷款办下来了，每个月都要还款。但到了约定好的交楼时间，该楼盘销售部通知她要延期一年才能交楼。

刘女士提出退房，她到银行办理了还款解押手续，然后跟该楼盘开发商签订了一个退房协议，并去办理了终止合同公证和商品房买卖合同注销。一系列的手续都办理之后，刘女士收到了退还的房款 81 万元和违约金 8000 多元，但是没有收到当初她扫码支付的 7 万元，因为这笔款项没有写到合同里，销售部门称不能给她退，因为那笔钱他们并没有收到，而是转账给了一个叫房多多的公司。现在刘女士连购房合同、退款协议等证据都没有了，只有一个公证书，她应该怎么维权？

【故事评析】

本案是商品房预售合同纠纷。

《民法典》第五百九十五条规定："买卖合同是出卖人转移标的物的所有权于买受人，买受人支付价款的合同。"商品房预售合同纠纷同样适用买卖合同的相关规定。在本案中，关于 7 万元抵 15 万元的问题，我们可以从不同的角度来看。如果房地产开发商指定的代理人或者代理机构，在销售房产的时候明确告知了 7 万元抵 15 万元，并且给了购房者一个二维码，由购房者扫码支付，则这个支付的款项应该属于购房款的一部分。因为购房者支付时扫的二维码是销售人员提供给他的，购房者有理由相信这是支付房款的一部分。当然，这个二维码可能是房多多公司或者某个中介平台的，这就涉及平台、代理机构、楼盘销售部、开发商之间的关系。他们之间可能存在把一部分费用先支付给代理机构，作为代理机构的费用的问题，但他们内部结算的方式与购房者是没有关系的。对购房者来说，只要是购房者付的款就是房款的一部分。

从购房者的角度来讲，购房者来到一个楼盘，在与销售工作人员谈好了价格、折扣和房屋位置等事宜之后，按照销售人员的指示扫码支付或者是银行转账支付款项，就应视为支付购房款。因为我们不可能苛求购房者去识别这个由销售人员提供的二维码，到底关联的是哪个主体申请的银行账号。

总的来说，这个案子中对于有争议性的这7万元，如果开发商没有确认，购房者在跟开发商签署的解除协议，包括公证书等中都没有提及，作为一个存疑可以暂时不处理。如果开发商明确表示拒绝返还，在这种情况下，建议购房者仅就这7万元的争议，请求仲裁机构或者法院来裁决。

刘女士既然已经就解除合同、终止权利义务以及返还购房款等事项签署了协议，现在剩下的唯一的问题就是开发商要履行协议的问题。也就是说，向购房者退回购房者所支付的价款、违约金以及相应的利息。关于这些费用怎么退、支付的期限，在终止合同的退房退款协议中已经有明确的约定，应按照约定履行。但如果开发商不履行，购房者该怎么办？本案中，刘女士连购房合同、退款协议等证据都没有了，只有一个公证书，在证据原件都没有的情况下怎么维护自身的权益呢？购房者手上有些合同文本没有原件，比如说只有一些复印件或者拍照的文本，是没关系的，只要尊重事实，只要事实上有这份合同，开发商也不能隐瞒事实或者是隐瞒重要证据。根据《民事诉讼法》的规定，如果一方持有相关的证据原件，而另一方不持有，法院或者仲裁机构可以签发强制提交证据令，可以要求持有证据文本的一方向法院或者仲裁机构提供证据。购房者可以先用已经有的照片启动仲裁或者诉讼程序，到时候再由仲裁庭和法院责令对方提供。

买房就送平台使用权？小心掉进坑里

房屋买卖 · 业主共有权 · 平台使用权

【故事】

李小姐在家休息，突然阳台外的平台传来一阵异响，出门一看吓坏了，掉下来的不是冰雹，而是玻璃碎片，晾在平台上的衣服也沾上了很多小的玻璃碎片。李小姐联系了小区物业，才知道因为楼顶玻璃破损，物业公司报修，维修过程中产生的玻璃碴儿直接从33楼顶楼掉到了3楼李小姐家的平台上面。李小姐说，那些衣服我肯定是不敢再穿了，她提出了1000多元的衣物赔偿要求，但物业公司回复，开发商不同意赔这么多，只愿意给一笔干洗费。物业公司还说，李小姐本来就不应该在那个地方活动。

这个平台李小姐到底能不能用？事情还要从她买房的时候讲起。李小姐说，平台面积是不写入合同的，当时销售说享有使用权，可以在上面种花种草、晒衣服，只要不违建、不搭封闭式的房屋就行。所谓平台其实就是底层商铺的楼顶，如果要使用平台的话，必须将自家阳台打开，加建楼梯才行。三楼业主们透露，他们购房时都得到了"平台可以使用"的明确承诺，所以在买的时候，每平方米要比四楼贵三四千元。李小姐说，因为平台的使用权不明确，不管是平台被砸、损失的装修费，还是现在掉玻璃造成的衣服损失，都令她感到很糟心。那么，这个三楼的平台使用权到底归不归业主呢？

【故事评析】

本案是业主共有权纠纷。

《民法典》第二百七十一条规定:"业主对建筑物内的住宅、经营性用房等专有部分享有所有权,对专有部分以外的共有部分享有共有和共同管理的权利。"第二百七十二条规定:"业主对其建筑物专有部分享有占有、使用、收益和处分的权利。业主行使权利不得危及建筑物的安全,不得损害其他业主的合法权益。"可见,公共过道、楼梯间、平台、烟道等建筑的共有部分属于全体业主共同所有,邻近的业主不能独自占用,建筑物的共有部分必须经全体业主或由业主委员会协商,共同享有使用的权利,并承担管理的义务。李小姐认为平台能够独自使用占有的认识其实是错误的,完全是被销售人员的空口承诺而误导了。同时,业主也需要注意未经房屋监管部门审批和楼宇业主同意,不能够擅自加建或改建共有建筑设施,一旦擅自改建、加建则需要承担法律责任。

本案中,李小姐的遭遇源于房屋买卖纠纷。房屋买卖纠纷近年来出现得比较多,之所以会出现这类纠纷,根源就在于开发商在自行销售或者委托他人销售的过程当中,没有向业主明确告知,对于这类平台,业主是不能够获得独占的使用权的,甚至还要提醒业主,在将来单独使用的情况下,有可能会导致你的相邻关系方或者是平台共有权的业主投诉,阻止你独立使用。许多楼盘的销售人员为了促销,为了把与平台相邻的单元卖更好的价格,往往空口许诺将来可以独占使用这个平台,实际上这是不能独占使用的,因为它是共有的,至少是整栋楼宇的业主共有的,开发商也好,销售员也好,都没有权利作出承诺。这种销售本身就带有欺诈的性质。《民法典》第一百四十八条规定:"一方以欺诈手段,使对方在违背真实意思的情况下实施的民事法律行为,受欺诈方有权请求人民法院或者仲裁机构予以撤销。"如果因为这种销售行为导致消费者信以为真,但购买后不能够获得独占使用权,甚至还做了一些使用上的投资行为的话,由此而导致的损失,开发商都应当承担相应的法律责任。

在购置房屋物业时,买家一定要注意房产证所记载的面积,平台之类的附加建筑,如果未在房产证中明确记载属于业主所有的,业主就不能够获得专有使用权。即使平台只有部分的业主可以独立出入,其他的业主没办法独立出入,甚至只有某一户业主可以进出这个平台,它也属于全体业主共有,并不是某业主的专有面积，不是专有面积就不能独占使用。所以在购买房屋的时候，要分清楚哪些是业主专有的，哪些是不能入证登记记载的。购房一定需要慎重考虑，无论销售人员说得多么的好听，承诺得多么的美妙，都千万不要被诱惑受骗，贪图一时之利而导致日后麻烦不断。

没有多数业主签名就动用维修资金可以吗?

物权·物业服务·维修资金

【故事】

新房刚刚装修完,过两个月就要入住的小何想不明白,为什么在签名未够2/3的情况下,小区物管要动用业主们的物业维修资金,修缮小区内16幢楼楼梯脱落的1200余块瓷砖。不少业主认为物管违规,房子出现了质量问题,凭什么要让业主承担维修成本?经证实,物管公司的确向业主提出,签名反对动用维修基金人数不够1/3的话,就要动用物业维修资金。

据了解,这个小区至今还没有成立业主委员会,所以业主们认为,物管公司乱打"擦边球",置国家规定于不顾,简单地认为没有1/3的业主签名反对就意味着有2/3的业主同意,这是将责任转嫁到业主身上的做法,因为让超过2/3的业主签名同意的难度远比让少于1/3业主签名反对的难度大多了。物管将要动用物业维资金的告示贴在小区的电梯内和楼梯口。该告示有份附件是当地建设局的鉴定,里面提到:"由于房屋保修期已过,维修应由业主负责,建议你公司和业主商量,申请动用物业维修资金对已脱落的瓷砖进行维修。"不过令人奇怪的是,申请使用维修资金的通知时间和建设局批复的文件时间相差一年多。对此,建设局也未解释原因。那么,物管动用物业维修资金的程序和步骤是否合理合法?物业维修资金在什么情况下可以使用?

【故事评析】

本案是涉及物业维修资金使用的纠纷。

《民法典》第二百八十一条规定："建筑物及其附属设施的维修资金，属于业主共有。经业主共同决定，可以用于电梯、屋顶、外墙、无障碍设施等共有部分的维修、更新和改造。建筑物及其附属设施的维修资金的筹集、使用情况应当定期公布。紧急情况下需要维修建筑物及其附属设施的，业主大会或者业主委员会可以依法申请使用建筑物及其附属设施的维修资金。"《民法典》第二百八十一条是关于建筑物及其附属设施维修资金归属和处分的规定。维修资金是业主按照各自所拥有物业的建筑面积分别交存形成，首期维修资金由业主在房屋交付前交存，续交维修资金在维修资金不足时交纳，续交方案由业主大会决定。维修资金只能用于建筑物及其附属设施的维修、更新、改造等共同目的。所以，维修资金的来源和用途均决定其性质属于业主共有。业主对维修资金筹集、使用的共同决定权，以及对筹集、使用情况的知情权，均是基于维修资金共有性质派生而来。业主有权要求维修资金的管理方公布维修资金的筹集、使用情况，并有权对筹集、使用情况提出异议。

维修资金应当用于共有部分。本条明确列举了"电梯、屋顶、外墙、无障碍设施"这四类在现实生活中损坏率较高的共有部分，同时通过"等"字表明，其他共有部分的维修、更新和改造也可以使用维修资金。使用维修资金是《民法典》第二百七十八条规定的需要经过业主共同决定的事项，需要经过参与表决专有部分面积过半数的业主且参与表决人数过半数的业主同意。

需要补充说明的是，维修资金用于共有部分的维修、更新和改造，但共有部分的维修等并不必然需要使用维修资金。一是要区分业主维修责任与建设单位的物业保修责任。物业保修责任是建设单位对物业在保修期内出现不符合工程建筑强制性标准和合同约定的质量缺陷，予以保证修复的责任。因此，在保修期内的维修、更新、改造责任应当由建设单位承担。二是要区分业主维修责任与物业服务企业的管理义务。物业服务企业根据物业服务合同的约定应当承担的共有部分的维修、养护费用不应当从业主的维修资金中支出。三是要区分业主维修责任与公用事业设施维修责任。供水、供电、供气、供热、通信、有线电视等单位应当承担物业管理区域内相关管线和设施设备的维修、养护责任。这是业主通过支付服务费用获得的对价，该部分费用不应当由业主承担。四是要区分业主维修责任和人为损坏引发的责任。因人为因素对共有部分造成损坏的，构成民事侵权，行为人应当承担修复、赔偿等民事责任。在责任人不履行维修养护义务的情况下，经业主大会同意可以由物业服务企业维修养护，费用由责任人承担。

在本案中，物管公司的做法存在逻辑错误。物管公司动用维修资金时，须通过2/3以上业主表决同意，而且，这种表决是明确的意思表示，同意的就说同意，反对的就说反对，没有明确说同意或者反对的，当作弃权处理，不能认为是赞成。

另外，仅在楼下公示栏贴告示的做法不合理。可能有业主居住地和工作地点不一致，可能一周才回一次，在业主不知情的情况下进行表决，结果不具有代表性。建议物管公司以书面形式挨家挨户地告知业主，或者以电话或短信的形式通知，确保每位业主知情。当然，如果业主与物管签订的合同中明确能通过楼下张贴告示的方式告知，那么可从其约定。

凭啥砸烂我拍卖到的房子？

物权·财产损害·司法拍卖

【故事】

有个业主买了一套法拍房，原房主说要回房子里去拿点东西，但其进到房子里之后，就把新业主家给砸了。新业主第一时间没有报警，他也不知道怎么处理，毕竟以前是人家的房子。新业主问法院，法院建议他报警。针对这种法拍房，如果原房主恶意破坏，应该如何处理呢？

【故事评析】

本案是财产损害赔偿纠纷。

《民法典》第一百一十四条规定："民事主体依法享有物权。物权是权利人依法对特定的物享有直接支配和排他的权利，包括所有权、用益物权和担保物权。"其中，所有权是指权利人依法对自己的不动产和动产享有全面支配的权利，也就是对这个房屋占有、使用、收益和处分的权利。在这个案例中，当事人通过参与法院拍卖的方式，竞买取得了涉案不动产的物权。从竞买标的物交接之日起，不动产物权就已经属于买受人了，原来的业主对这个房屋也就不再享有物权。在这种情况下，如果原来的业主找一个理由进入了涉案房屋，故意对房屋实施毁损破坏的行为，作为买受人的新业主，可以向其要求损害赔偿。

《民法典》第一千一百八十四条规定："侵害他人财产的，财产损失按照损失发生时的市场价格或者其他合理方式计算。"原业主除了要承担民事责任外，如果原业主的这种行为对涉案房屋所造成的损失价值比较小，如损失不超过5000元，那么他的行为违反了《治安管理处罚法》的规定，属于一般的违法行为，公安机关可以对他实施拘留或者罚款的治安管理处罚。如果原业主对涉案房屋造成的毁损价值超过了5000元，那么他的行为已经涉嫌构成故意毁坏财物罪。如果构成犯罪，一般情况下，要处三年以下有期徒刑、拘役或者管制。也就是说，我们要看损坏房屋行为所导致的危害后果，是一般的危害后果，还是严重的危害后果。如果是一般的危害后果，他的行为构成一般违法行为，公安机关可以对他进行治安拘留或者罚款。如果是严重的损害后果，他的行为可能涉嫌犯罪，公安机关可以立案侦查，追究其刑事责任。

这个案例比较具有典型意义。因为很多法院拍卖的房产或者处置的房产，原来的房主往往是债务人，也就是平常我们所说的欠债的人，甚至是所谓的"老赖"。由于他们拒不履行法院的生效判决，导致法院在强制执行程序中对他们的房产进行拍卖。他们在自己的房屋被法院处理之后，一般从心理上来讲，会存在一些怨气或者心有不甘，所以就会对新的买受人故意实施一些报复性行为，或者故意毁损被拍卖的标的物。这种行为实际上是比较恶劣的。建议购买了法拍房的业主如果遇到案例中的情况立即报警，由警方到现场进行勘察，并做相关笔录。然后，警方会对房屋损坏的价值进行评估鉴定，通过评估鉴定的结果来判定这种破坏行为是构成一般违法行为，还是涉嫌构成犯罪。

人防车位长租20年有没有法律依据？

物权·人防车位·业主共有

【故事】

某小区由于车位紧张，开发商封闭了地下车库的多个出口，禁止没有购买产权车位或租用人防车位的业主将车停进地下车库，此举立即引发部分业主不满，产权车位只卖不租就算了，但人防车位产权又不归开发商所有。开发商提供的人防车位租赁合同租期统一为20年，另外附送50年的无偿使用权，租金从7万元到11万元不等。业主们认为，开发商此举就是在变相卖人防车位。

业主还称，人防车位不让停，地面车位又不够，导致部分业主将车辆停在小区过道上，最后被物管贴了纸条，而这些贴着容易撕着难的纸条，一度引发了业主与物管之间的激烈冲突。本来是业主跟开发商之间的问题，现在把物管也牵扯进来了，小区管理受到了不小影响。那么，人防车位使用管理权归谁？人防车位可以买卖吗？

【故事评析】

人防车位，是开发商根据《人民防空法》的要求建设人民防空地下室，然后将之改造成地下停车位，这类车位被称为"人防车位"。根据《人民防空法》等相关法律规定，战时人防办可免费征用此类车位作为地下人防工程，平时此类车位可由开发商处置。根据《人民防空法》第五条第二款规定："国家鼓励、支持企业事业组织、社会团体和个人，通过多种途径，投资进行人民防空工程建设；人民防空工程平时由投资者使用管理，收益归投资者所有。"

从目前的法律法规来看，人防车位的产权归属虽然并不太明晰，但法律规定人民防空设施由投资者使用管理，收益归投资者，人防车位不能出售，不核发《房地产权证》。因此，人防车位是不归全体业主所有的，开发商封闭地下车库出口，禁止没有租用人防车位的业主将车停进地下车库，其实并没有违反法律的规定。因此建议广大业主，如需要使用人防车位，可按照《民法典》中的相关规定与开发商签订协议。《民法典》第七百零五条第一款规定："租赁期限不得超过二十年。超过二十年的，超过部分无效。"因此业主在和开发商签订相关合同时，应注意年限问题。若开发商承诺另外附送 50 年的无偿使用权，则要与开发商再签订相关的协议来保障自身的权利。

《民法典》第二百七十四条规定："建筑区划内的道路，属于业主共有，但是属于城镇公共道路的除外。建筑区划内的绿地，属于业主共有，但是属于城镇公共绿地或者明示属于个人的除外。建筑区划内的其他公共场所、公用设施和物业服务用房，属于业主共有。"本案中，业主将车辆停在小区过道上的行为是欠妥的。因为小区过道上的道路一般属于业主共有的道路，不得私人占用停车。

《物业管理条例》第二条规定："本条例所称物业管理，是指业主通过选聘物业服务企业，由业主和物业服务企业按照物业服务合同约定，对房屋及配套的设施设备和相关场地进行维修、养护、管理，维护物业管理区域内的环境卫生和相关秩序的活动。"物管在占用过道的车辆上贴纸条，其实是为了维护小区秩序。《民法典》第二百七十五条规定："建筑区划内，规划用于停放汽车的车位、车库的归属，由当事人通过出售、附赠或者出租等方式约定。占用业主共有的道路或者其他场地用于停放汽车的车位，属于业主共有。"第二百七十六条规定："建筑区划内，规划用于停放汽车的车位、车库应当首先满足业主的需要。"现在对于小区车位紧张的问题，建议业主们找开发商进行沟通，建筑区划内的汽车车位优先满足业主的需要，剩余车位再对外售卖或出租。

榕树"撒野",别墅业主能否请园林公司"强拆"?

业主共有权·物业服务·侵权责任

【故事】

人和树木本是和谐相处的好邻居,然而在某花园小区内,一别墅的业主不仅向树木"钻孔注毒",还动用园林公司的工程车试图"强拆"大树,两者缘何结怨?原来是小区建设时选择树种惹的祸,当年种下的小叶榕树树种根系发达,经过20年的生长后不断逼近别墅根基,甚至深入墙体、地板内。据物管初步统计,遭遇此情况的别墅至少有五六幢。

某女业主的别墅靠着榕树的一个房间里,多处墙面变黄,并且墙面剥落,有的墙面甚至直接露出了水泥。女业主说就是旁边这棵大榕树惹的祸。大榕树的树根一直往房子的地基里面长,如果放任不管,迟早会影响房屋结构。她之前就此事已经和物管交涉多次,但一直未能解决,之前确实是想过用"下药"的手段去毒死这棵大榕树,可榕树的生命力很强,无奈之下才会想到让园林绿化公司的工程车将大树"强拆"。但物管公司坚持要园林绿化公司出示相关批文,否则小区内任何一棵树都不许乱动。"钻孔注毒"和"强拆"大树违法吗?有什么办法让女业主不再闹心?

【故事评析】

本案是涉及业主共有权和物业服务的纠纷。

2021年《民法典》施行后,关于城市绿化,特别是住宅小区内的绿化有了新的规定。《民法典》第二百七十四条规定:"建筑区划内的道路,属于业主共有,但是属于城镇公共道路的除外。建筑区划内的绿地,属于业主共有,但是属于城镇公共绿地或者明示属于个人的除外。建筑区划内的其他公共场所、公用设施和物业服务用房,属于业主共有。"根据上述条款规定,住宅小区内的绿地实际上属于全体业主共有,改变共有部分的用途应由业主共同决定。根据《物业管理条例》的规定,物业公司应按照物业服务合同约定,对小区公共区域进行养护、管理,维护小区环境卫生和相关秩序

《民法典》第二百八十六条规定:"业主应当遵守法律、法规以及管理规约,相关行为应当符合节约资源、保护生态环境的要求。对于物业服务企业或者其他管理人执行政府依法实施的应急处置措施和其他管理措施,业主应当依法予以配合。业主大会或者业主委员会,对任意弃置垃圾、排放污染物或者噪声、违反规定饲养动物、违章搭建、侵占通道、拒付物业费等损害他人合法权益的行为,有权依照法律、法规以及管理规约,请求行为人停止侵害、排除妨碍、消除危险、恢复原状、赔偿损失。业主或者其他行为人拒不履行相关义务的,有关当事人可以向有关行政主管部门报告或者投诉,有关行政主管部门应当依法处理。"根据该条第二款的规定,如部分业主损坏小区绿化,业主大会或者业主委员会作为小区的管理者有权依法"请求行为人停止侵害、排除妨碍、消除危险、恢复原状、赔偿损失"。《民法典》第二百三十三条规定:"物权受到侵害的,权利人可以通过和解、调解、仲裁、诉讼等途径解决。"

在本案中,树是当年开发商为绿化所种植,种植区域不属于业主个人私有区域,树显然属于全体业主共有。如遭遇大树困扰的业主向物管求助,物管却置之不理,则业主可以状告物管,要求物管帮助停止侵害,排除妨害。树木生长不是一朝一夕的,损害后果是渐进式显现的,不建议业主擅自把树毒死,或者叫来工程车拨起,应要求物管和业委会来进行解决。如果大树对小区业主已经造成损失,可以通过专业公司对损失数额、损害后果与行为之间的因果关系进行评估,业主委员会或业主可以与物管协商解决;协商不成的,可以收集照片、录音、录像等证据向有管辖权的法院提起诉讼,要求物管恢复原状、赔偿损失等。

收房时无故"多"了条横梁,房主只能吃"哑巴亏"?

商品房买卖·知情权·违约责任

【故事】

丁女士经朋友介绍来到某楼盘看房,考虑到有朋友推荐及该开发商的信誉度,当即交了定金,并很快网签。一切看起来都很顺利,但直到收房当天,丁女士才看到她所购买的房子——5.1米高的复式公寓多了条大横梁,空间压抑不说,又刚好在床铺的位置。这让丁女士感到很气愤,她表示之前只看过样板间,且该位置被包装成了一个衣柜,把横梁包住了,销售自始至终都没告诉过她这个地方是横梁,当时销售还说如果不想做衣柜也可以拆了。

丁女士表示,从看房到收房她只来过该楼盘两次,两次提出看现房但都被拒绝,理由分别是房子在装修和没钥匙,说和样板间一样,叫她放心。经多方投诉无果,且考虑到走法律程序可能会花费更多金钱,最终丁女士选择了收房,吃了个"哑巴亏"。那么,房子交付前客户提出看房的要求开发商有权拒绝吗?消费者如何才能避免在房屋交易中吃"哑巴亏"?

【故事评析】

本案属于商品房买卖合同纠纷。

案例中,丁女士所购买的房子属于现房,也就是可以即买即住的商品房,开发商应该允许丁女士看现房,尤其是在房屋交付之前,开发商拒绝丁女士看房的行为是不合理的。如果房屋在装修或者是在施工过程当中,开发商可以采取一些相应的保护和救济措施,如在停工期间看房,或者是佩戴相关的防护用品去看房。

根据《消费者权益保护法》以及《商品房销售管理办法》等有关法律规定，消费者享有知情权，即知悉其购买、使用的商品或者接受的服务的真实情况的权利。在商品房买卖中，开发商至少要让消费者知道房屋的面积、坐落的位置、朝向、楼层，以及房屋的结构等关键因素。所谓的关键因素，是指该要素会直接决定房屋的价值，甚至决定消费者是否购买。从使用和心理的角度考虑，是否有横梁及其位置属于关键因素。

《民法典》第五百七十七条规定："当事人一方不履行合同义务或者履行合同义务不符合约定的，应当承担继续履行、采取补救措施或者赔偿损失等违约责任。"据此规定，消费者在买房时遇到这种实际交付的房屋与开发商设置的样板房标准不一致的情况时，可以拒绝收房，要求开发商重新交付符合样板房标准的房屋，或者要求开发商承担相应的违约责任，赔偿损失。若开发商拒绝处理的，消费者可以解除合同，要求开发商退还购房款以及承担违约责任。

《民法典》第五百六十三条规定："有下列情形之一的，当事人可以解除合同：（一）因不可抗力致使不能实现合同目的；（二）在履行期限届满前，当事人一方明确表示或者以自己的行为表明不履行主要债务；（三）当事人一方迟延履行主要债务，经催告后在合理期限内仍未履行；（四）当事人一方迟延履行债务或者有其他违约行为致使不能实现合同目的；（五）法律规定的其他情形。以持续履行的债务为内容的不定期合同，当事人可以随时解除合同，但是应当在合理期限之前通知对方。"此外针对本案中丁女士是否看过现房这一点，横梁存在已是事实，是否披露给消费者应该由卖方来举证，除现场的告知行为外，一般还存在书面的告知性文件，然而该案中，开发商并未提供相应的证明。

对于本案件中丁女士经朋友推荐与开发商对接一事，特别提醒，现实生活中，消费者往往会因为朋友的推荐而放松警惕，但在房屋买卖实践中，所谓的朋友很可能和卖方存在利益关系，因此即便是朋友介绍的，消费者仍然要关注上述影响购买的关键因素，否则最终损害的还是自己的利益。与此同时，消费者在参观样板房时，应尽可能对样板房的面积、结构、朝向等因素进行记录保存，以便日后在买卖过程中发生争议时进行举证。

天花板漏水楼上住户不配合处理怎么办？

物权保护·侵权损害·相邻关系

【故事】

居住在某小区的陈女士发现自家阳台天花板经常出现黑色污渍，每到雨季更加明显，后来开始出现渗水，还夹杂着难闻的尿味，而漏水的部分墙体也开始出现脱皮。陈女士打听到，楼上业主在阳台上加建了一个小便池，同时洗衣机也放置在阳台上，洗完衣服后的污水都是直接经过地漏排入排水管。有可能是在加建小便池的时候没有做好防水，导致小便池周围的水管漏水，再加上与洗衣机连接的排污管老化，导致楼下业主阳台位置成了"水帘洞"。楼上的业主是一位70多岁的独居老人，子女都在外地。陈女士表示自己愿意出钱，将楼上的阳台地板挖开重新做防水。一听说工程需要两三天，老人就不同意了。陈女士找来业委会，但老人依旧不同意。没办法，陈女士最后以比市场价低30万元的价格将房子出售了，在卖房子时也特意和买家说清楚了阳台漏水。随着《民法典》的出台，通过法律诉讼的方式解决此类纠纷可能会更高效。那么像这个案例，法官会判决楼上的业主负全责吗？陈女士可以动用物业维修资金来处理漏水的问题吗？

【故事评析】

本案例属于物权保护纠纷。

《民法典》第一千一百六十七条规定："侵权行为危及他人人身、财产安全的，被侵权人有权请求侵权人承担停止侵害、排除妨碍、消除危险等侵权责任。"楼上的业主未经楼下业主同意，私自加建、改建排水管道布局，并未采取合理的防范措施致使楼下业主陈女士的房屋产生漏水现象，楼上业主的行为已构成侵权，陈女士在出售房屋前可依法追究楼上业主的侵权责任，要求修复房屋漏水现象并提出损害赔偿。

陈女士一开始遇到房屋出现漏水情况时应怎么维权？首先，要收集相关证据，在发现漏水后，要做的第一件事便是保护现场，并拍照、录像固定证据，也可以请专业的房屋鉴定机构鉴定损害情况和评估后续所需的维修费用。其次，陈女士需要继续与楼上业主做好协商，告知其法律后果，如果怕引起纠纷，可以将证据提供给小区物业或者当地的居民委员会进行协调，然后让物业或居委会去和楼上业主沟通协商；如果楼上业主仍然不肯维修，待专业机构到现场评估后，再采取法律手段准备起诉材料，向法院提起诉讼，追究漏水业主的侵权责任并要求整改赔偿。陈女士也可以向房屋管理部门反映，通过行政的方式要求楼上的业主整改。

至于陈女士能否主张动用业委会的专项维修资金用作整改漏水施工费用，根据《物业管理条例》第五十三条第二款的规定："专项维修资金属于业主所有，专项用于物业保修期满后物业共用部位、共用设施设备的维修和更新、改造，不得挪作他用。"也就是说，只有房屋的公共部位发生漏水，才能动用维修资金。如果房屋漏水是因为公共管线所致，业主可以要求物业管理公司征得 2/3 以上业主同意后组织维修，陈女士房屋漏水的位置处于阳台天花板，属于陈女士个人房屋的范围，不是楼宇的公共部位发生漏水，所以不能动用维修资金。

在涉及房屋装修、改建时需要告知业委会和物业，并向房屋监管部门进行备案登记或审批，雇用具有专业资质的施工团队进行装修。施工时可能对邻居居住环境产生影响的则需要合理采取防范措施，以减少邻里纠纷。一旦施工失误则需要马上停工，并立即请专业的房屋鉴定机构评估施工的影响。

业主装修为的是美化自身房屋居住环境条件，在行使自身权利的同时，也有义务保障他人正当享有的权利不受侵犯，不能做出损人利己之事，引发邻里矛盾。

无须告知业主，新屋即可用作样板间？

房屋买卖合同·侵权责任·违约责任

【故事】

自己购买的房子，开发商要做成样板间，可以吗？毛女士去年年初在一个楼盘购买了一处精装房，原计划是今年年底交楼，在这个时候应该是紧锣密鼓进行施工的。不过，她却了解到，这几天建筑工人正在对她的房子进行装修，原来她买的房要被当作样板房了。买房的时候，样板房是在旁边那个幼儿园里面，是临时的，可能因为要交还政府管理了，所以把样板房移到这边来了。

对于开发商的这个做法，毛女士表示无法接受。她马上联系了销售代表和开发商，不过对方一开始并不承认将毛女士的房子用作样板房，后来施工人员进场表示正在进行的就是样板房的装修工程。开发商那边的工作人员这才说，房屋未完成交付之前，就算用作了样板间，也无须告知业主。那么，开发商在使用业主的房屋建造样板房之前，应当告知并征求业主的意见吗？

【故事评析】

本案是商品房买卖合同纠纷。

《民法典》第五百零九条规定："当事人应当按照约定全面履行自己的义务。当事人应当遵循诚信原则，根据合同的性质、目的和交易习惯履行通知、协助、保密等义务。当事人在履行合同过程中，应当避免浪费资源、污染环境和破坏生态。"在本案中，毛女士与开发商签订的商品房买卖合同是双方的真实意思表示，合法有效，开发商应当按照约定全面履行自己的义务。《民法典》第五百七十七条也规定："当事人一方不履行合同义务或者履行合同义务不符合约定的，应当承担继续履行、采取补救措施或者赔偿损失等违约责任。"

在本案中，房屋未完成交付之前，开发商用来作样板间，如果对毛女士的房屋造成损害，此时开发商构成违约，毛女士有权要求赔偿损失。如果毛女士想解除合同，要看其与开发商签订的合同，若合同中对于解除合同及违约责任有明确约定，可按合同约定处理。若无明确约定，则只能法定解除合同。根据《民法典》第五百六十三条的规定，当事人一方有违约行为致使无法实现合同目的，另一方可以解除合同。这时需要证明该房屋的交付确实不能实现购房目的，方可解除。合同解除后，尚未履行的，终止履行；已经履行的，根据履行情况和合同性质，当事人可以要求恢复原状、采取其他补救措施，并有权要求赔偿损失。

购房者买房时，要注意及时关注开发商履行约定的情况，维权应合法，诉求应合理，要正当维护自己的合法权益，通过合法渠道提出诉求。同时，开发商在销售商品房时，应坚持诚实守信用原则，不作误导性、夸大性的前期宣传，在订立商品房买卖合同过程中，要充分尽到提示说明义务，让消费者全面准确地了解所购买房屋的架构、户型、配套设施等信息，而不能利用自身专业优势地位，进行片面甚至虚假引导，如房子在卖出之前根本没有向购买者提过要作为样板房这件事。

在本案中，像毛女士的这种情况，房屋买卖已经确定，就代表毛女士已经是这个房子未来的产权人。在房屋交付之前，出卖方对房屋所能进行的行为只有建造。而用作样板房则是对房屋进行了使用，出卖方必须征得产权人同意，否则就是侵权。

这套房子是否装修过、墙体是否有改造，对于买受人毛女士来说都是其非常关切的，不知道会不会影响将来房屋的使用，或者对功能和使用年限有没有损害，如果双方对此有争议的话，要到相关的部门做一些鉴定。如果开发商对业主将来的利益造成损害，是需要承担违约责任或者赔偿责任的。

"一房二卖"，我想要回我的房子

物权·不动产·一房二卖

【故事】

一位事主在某楼盘销售中心签了一份认购书，交了定金和团购费，一共6万元，并约定好时间去交房款签购房合同。结果还没到约定的日期，销售人员就告诉这位事主，在他签认购书的第二天，别人买了这套房子，而且对方给的是全款。销售人员说他的认购证明被弄丢了，现在让他退房子。这位事主去销售中心跟负责人沟通，负责人承认这是销售人员的失误，想给他协调换成别的房子或者换到别的楼层去，但是这位事主坚持想要原来的那套房子。这位事主的目的能不能实现？

【故事评析】

民法中有一个重要原则，叫区分原则，又称为物债两分原则。民事法律关系绝大多数都遵守此类原则，典型的如合同关系。合同的订立可以叫作负担行为，合同双方因此而产生相应的债权请求权等权利义务；登记或交付是权利的公示行为，也可以说是合同的履行行为。合同不履行或不公示，不发生物权变动的效果，但不影响合同的效力。《民法典》第二百零九条规定："不动产物权的设立、变更、转让和消灭，经依法登记，发生效力；未经登记，不发生效力……"根据《最高人民法院关于审理商品房买卖合同纠纷案件适用法律若干问题的解释》第五条规定："商品房的认购、订购、预订等协议具备《商品房销售管理办法》第十六条规定的商品房买卖合同的主要内容，并且出卖人已经按照约定收受购房款的，该协议应当认定为商品房买卖合同。"第七条规定："买受人以出卖人与第三人恶意串通，另行订立商品房买卖合同并将房屋交付使用，导致其无法取得房屋为由，请求确认出卖人与第三人订立的商品房买卖合同无效的，应予支持。"

根据上述规定，就本案而言，案涉商品房买卖合同，就应遵循区分原则。同时，依据相关司法解释，销售方也就是出卖人，和买受人也就是这位事主，订立了一份认购书，双方约定了他们将来要通过正当的程序，签订能够进行备案登记的商品房买卖合同，该认购书只要有明确的买卖标的，也就是有具体的房子的位置、面积、价款、支付方式等基本内容，则双方房屋买卖合同关系成立。因为事主购买的那套房子没有得到出卖人的交付，也没有进行登记，因此，事主没有得到该套房子的所有权。

但是，此时出卖人把房屋又卖给了其他人，这就属于典型的"一房二卖"。商品房作为不动产，其所有权的转移必须登记，而且是以登记为生效要件。任何一个买受人都要办理不动产权登记手续，即获得商品房的所有权。而签订了合同又无法再办理登记手续的，可以要求出卖人承担相应的违约责任。如果已经收取了定金的，根据《民法典》第五百八十七条规定的定金罚则，应该向买受人双倍返还定金。

需要提醒买受人的是，即使遭遇不良商家一房多卖，如果坚持不要退款，不要赔偿，只要房子，首先，只需看其他买受人有没有办理不动产权登记。即使是如案例所示，卖方倾向于选择后签订合同的一方使用"全款支付"的方式，只要后签约一方没有办理不动产权登记，他目前就没有取得所有权。此时，这位事主应该马上向法院或者仲裁机构进行起诉，要求出卖人继续履行合同。通过办理登记，先得到该商品房的所有权。其次，可以查明出卖人和其他买受人之间是否存在着恶意串通，故意不出卖商品房给第一位买受人的情形，如果存在，即可向法院或仲裁机构，请求确认出卖人与其他买受人订立的商品房买卖合同无效，从而实现自己买房的目的。

装修有风险,"烂尾"最可怕!

物权·装修合同·违约责任

【故事】

去年,范先生购买了一套 200 平方米、总价 600 多万元的别墅,为了打造心中的温馨港湾,他特意在网上千挑万选找到了一家装修公司帮忙装修,先交了 5000 元定金。在看到装修公司的设计图后,范先生觉得非常满意,当即和对方签订了正式合同,当时签的价格是 32.7 万元。但是万万没想到,图纸虽好,这个公司做事却十分磨蹭,打拆的时候计划一个星期搞定,但是拖了半个月。工程进度虽然慢,但是这家公司要钱的速度却一点都不慢,装修工程才做了不到一半,就不停地催促范先生支付合同余款。

马上就到了合同约定的竣工时间,但是项目经理却突然告诉范先生公司倒闭了,而此时范先生的别墅仅仅完成了防水和部分水电工程。这家公司现在已经没办法联系上,合同上留的电话也没人接。范先生称和他情况相同的业主还有几十户,有些刚交了定金没两天公司就失联了,有些到了收尾阶段才知道工程可能烂尾。更委屈的还有负责施工的项目经理,他说装修公司倒闭了,找不到人了,但欠了他人工费三四万元,材料钱他也垫了几万块钱。像这种装修公司确实已经倒闭,而且新房装修被"烂尾"的,到底应该由谁"买单"?

【故事评析】

本案是一宗装饰装修合同纠纷。

装修合同属于承揽合同的范畴。首先,根据《民法典》第七百七十条"承揽合同是承揽人按照定作人的要求完成工作，交付工作成果，定作人支付报酬的合同。承揽包括加工、定作、修理、复制、测试、检验等工作"的规定，在本案中，范先生与装修公司因装修别墅成立装修合同关系，依照《民法典》合同编规定，双方构成承揽合同关系。

其次，《民法典》第七百八十条规定："承揽人完成工作的，应当向定作人交付工作成果，并提交必要的技术资料和有关质量证明。定作人应当验收该工作成果。"第七百八十一条规定："承揽人交付的工作成果不符合质量要求的，定作人可以合理选择请求承揽人承担修理、重作、减少报酬、赔偿损失等违约责任。"第五百七十七条规定："当事人一方不履行合同义务或者履行合同义务不符合约定的，应当承担继续履行、采取补救措施或者赔偿损失等违约责任。"根据上述规定，如果合同当事人不履行合同义务或者履行合同义务不符合约定，就要承担违约责任。在本案中，范先生和装修公司签订合同明确约定装修事项，在此情况下，装修公司提供的装修应当达到约定装修程度，否则应当承担违约责任。而装修的标准和价值应当通过勘验和鉴定确定，存在差额的应当赔偿差价。

因装修"烂尾"而引起的纠纷近年来老百姓关注度较高。众所周知，家装市场可挖掘潜力大，有一大批装修公司拆东墙补西墙，市场不景气时，业绩难以维系，资金链断裂后就容易出现家装"烂尾"事件或者收钱后玩消失。建议消费者在装修前先与装修公司订立装修合同，签订合同时要注意合同中对保护性条款和违约责任的约定，把细节看"烂"。要注意你所聘请的装修公司和与你签订合同的主体是否相同，有没有将你的装修工程另外转包他人，甚至多层转包，小心这样产生的法律风险。同时提醒市民在装修时，可以分多次支付相应的款项，切忌一次性付款，降低资金被挪用的风险，同时也能够对装修质量进行更好的监督约束。

买房装修是头等大事，消费者要做好资料收集，登录官方信用平台查看公司相关信息、有无相关裁决文书，提高分辨能力，练好"火眼金睛"，选择已成规模或在社会上有较好口碑的品牌装修公司。一旦不小心掉进坑里，遇到装修公司跑路工人却上门讨钱的情况时不要紧张，应通过法律途径维护自己的权益。此外，消费者应及时保存施工图片、合同、发票等重要证据。

第三编

合同

"以租代购"给货源？冷链货运新手疑遭套路

融资租赁·买卖合同·违约责任

【故事】

"冷藏货源，一趟最低价960元，每天保底一趟，一个月保底出货30趟，回货15趟。"一心想入行跑货运的周师傅，看到"××出行"公司的宣传时一下就心动了。不过，要想拿到这么优质的货源，就要达到一个条件：必须在"××出行"公司贷款，以租代购来买车。"××出行"公司向周师傅推荐的冷藏车，市场价不到20万元，但如果是"以租代购"，首付款就要55800元，月租金5300多元，分36期，总价近25万元。而且，对于具体的跑货运的货源数量和价格，双方都没有书面合同约定。对此，周师傅曾表示过担忧，但该公司的佘经理叫周师傅拍视频取证。于是，信心满满的周师傅开上了"以租代购"的冷藏车。不过很快他就发现，佘经理所承诺的优质货源根本不存在。后来周师傅因为交不起租金，车被金融公司拖走了，还有其他七八个货车司机都有类似的遭遇。

佘经理表示，受疫情影响，他们也一直努力在找货源，但不能保证给到之前承诺过的货源。被问及此前在视频里承诺过的"不能保证货源就退车并承担车辆损失"时，佘经理就开始"打太极"。那么，"××出行"公司的工作人员对发布的信息的真实性以及将来能否履行要承担相应的责任吗？周师傅他们应该如何维权？

【故事评析】

这类"以租代购"纠纷非常复杂，就法律关系而言，涉及服务合同、机动车买卖合同、融资租赁合同、借款合同等。

《民法典》第四百七十一条规定："当事人订立合同，可以采取要约、承诺方式或者其他方式。"第四百七十二条规定："要约是希望与他人订立合同的意思表示，该意思表示应当符合下列条件：（一）内容具体确定；（二）表明经受要约人承诺，要约人即受该意思表示约束。"第七百三十五条规定："融资租赁合同是出租人根据承租人对出卖人、租赁物的选择，向出卖人购买租赁物，提供给承租人使用，承租人支付租金的合同。"《最高人民法院关于审理融资租赁合同纠纷案件适用法律问题的解释》第一条第一款规定："人民法院应当根据民法典第七百三十五条的规定，结合标的物的性质、价值、租金的构成以及当事人的合同权利和义务，对是否构成融资租赁法律关系作出认定。"

本案中，首先，就周师傅与"××出行"公司签订的贷款合同，以及通过"以租代购"协议购买案涉机动车的事实而言，如果"××出行"公司具有融资租赁专业商事主体的主体资格，相关的协议又符合融资租赁合同的法律特征，此协议可以看作一份融资租赁协议。

其次，佘经理朋友圈发的信息以及现场的视频，存在希望与他人订立合同的意思表示，因此属于合同订立的一部分。佘经理就要对发布的信息的真实性以及将来的履行能力承担相应责任。加之朋友圈的货源信息，"内容具体明确"，实则已经构成了"要约"。周师傅签订融资租赁协议的前提，是看到了佘经理发的朋友圈的货源信息，随着周师傅签订融资租赁协议的行为，即构成了"承诺"。因此，合同成立且生效，佘经理则受此约束。

受上述两个法律关系的约束，在周师傅因无货可运，导致交不起租金的情况下，融资租赁公司以违约为由，主张返还原物，拖走车辆，看似合乎情理。但是，周师傅签订合同的本意是"冷藏货源，一趟最低价960元，每天保底一趟，一个月保底出货30趟，回货15趟"的入行跑货运的想法。由于无货可运，根据周师傅与佘经理之前达成的合意，佘经理此时已经构成违约，周师傅可以据此向有管辖权的法院或者仲裁机构追究佘经理的违约责任。

在这里，提醒那些司机师傅们，首先，签订协议前一定要看清条款，曾经允诺的事情没有以书面形式记录下来的，必须要求其写入书面协议。其次，应当选择正规的、有规模的和实力较好的大公司作为合作方。最后，如果对方发布相关信息时，明知道根本不可能履行，或者没有相关履行的计划和保障，而且把车辆远高于市场价格出售，如把 20 万元的车卖到 25 万元，那就可能涉嫌诈骗。

6万多元买来的宝马车不翼而飞，抵押车能买吗？

买卖合同·抵押合同·解除合同

【故事】

张先生两个月前花了6万多元买了一辆宝马车，当时车行在推销时说车价便宜，还有证，不用担心，唯一的缺点是过不了户。从车行提供的《质押车债权转押协议》中可以看到，甲方承诺此车手续正规，不是盗抢、租赁、事故、走私、套牌等车辆。没想到一天早上，车钥匙还在，车却消失了！幸亏车上安装了GPS，于是张先生根据定位来到某小区附近的一处空地，现场横七竖八地停了不少车辆，张先生找到了自己的车。那么其他的车辆也是被人拖过来的吗？果然，这些车主表示，他们的车都是突然消失，然后出现在这个车场里的，而且，他们买的都是抵押车。

张先生找到车行，车行出示了一份出具给原车主的《车辆暂时性取回告知函》：您办理的借贷义务已严重逾期，我司已对您提起司法诉讼并取得了相关生效文件，决定将标的车辆暂时性取回，如果拒绝履行还款义务，将依法申请强制执行。落款是：××融资担保公司。车行表示暂时没办法处理，让车主自行处理。据了解，抵押车都是车主欠了银行或金融公司的钱，还不上钱后就将车抵押，车辆的所有权就归属于银行或者金融公司。现在常规操作都是押本不押车，所以有了专门收抵押车的中介车行。那么这种操作是不是钻了法律漏洞，张先生等车主应该怎么办？

【故事评析】

本案例属于二手机动车买卖合同纠纷。

从张先生与车行签订的《质押车债权转押协议》就可以看出存在的问题，协议约定甲方将前车主的车辆债权转押给了张先生，那么这份协议上就必须有前车主的签名、盖章等信息。同时，这个甲方是谁，又为什么能将债权转押给张先生，这些都是疑点。张先生签订合同的目的是占有使用汽车，他支付了6万多元的购车款后，车行应当交付合同约定的汽车，并负有保证第三人不得向张先生主张任何权利的义务。《民法典》第五百六十三条规定："有下列情形之一的，当事人可以解除合同：（一）因不可抗力致使不能实现合同目的；（二）在履行期限届满前，当事人一方明确表示或者以自己的行为表明不履行主要债务；（三）当事人一方迟延履行主要债务，经催告后在合理期限内仍未履行；（四）当事人一方迟延履行债务或者有其他违约行为致使不能实现合同目的；（五）法律规定的其他情形。以持续履行的债务为内容的不定期合同，当事人可以随时解除合同，但是应当在合理期限之前通知对方。"

根据上述规定，在汽车被第三人××融资担保公司拖走，张先生无法享有对汽车的占有、使用等权利的情况下，其签订合同目的也就无法实现，故车行的行为构成根本违约，张先生可以主张解除《质押车债权转押协议》，要求车行返还购车款以及支付违约金。若协议中没有对违约金进行约定，张先生依然可以要求车行承担违约责任，《民法典》第五百七十七条对违约方应承担的违约责任作了明确规定："当事人一方不履行合同义务或者履行合同义务不符合约定的，应当承担继续履行、采取补救措施或者赔偿损失等违约责任。"第五百八十四条规定："当事人一方不履行合同义务或者履行合同义务不符合约定，造成对方损失的，损失赔偿额应当相当于因违约所造成的损失，包括合同履行后可以获得的利益；但是，不得超过违约一方订立合同时预见到或者应当预见到的因违约可能造成的损失。"

在此郑重提醒消费者，购买抵押车所隐藏的风险巨大，买车前消费者要注意中介或者车行有没有取得前车主的授权，如果没有授权，根据《民法典》第一百七十一条的规定，行为人没有代理权、超越代理权或者代理权终止后，仍然实施代理行为，未经被代理人追认的，对被代理人不发生效力，最后可能会导致买卖合同无效，而且车辆在抵押给别人的情况下，在没有涂销抵押之前，存在无法办理过户的风险。

8 节课换了 4 个老师，家长遭遇退费难

服务合同·教育培训·消费者权利

【故事】

某教育机构办了个培训班，很多孩子去听体验课，家长们感觉不错，就现场交了 5980 元，收据上写的是 40 课时，再赠送 40 课时，当时也没有签合同。谁知家长们带孩子去上了第一节课之后，第二节课就换老师了，此后 8 节课换了 4 个老师，讲得很差。

后来了解到，这个教育培训机构没有办学资质，未取得教育部门的办学许可证，也没有营业执照，家长们就想退钱。然而该教育机构说要按照原价 7980 元来计算，还要先扣 30% 的违约金。但是家长们当时都没有签合同，也不知道原价是 7980 元，他们只知道 5980 元 80 个课时，现在是按 40 个课时退。这样退费和收取违约金合理吗？而且，该教育机构未取得教育部门办学许可证就办班收费，这样开门办学算不算是违法行为？

【故事评析】

本案例属于教育服务合同纠纷。

在这类合同当中，首先，作为培训机构，要有相应的办学资质。其次，所收取的费用要符合价格主管部门的核准。收取家长的费用，还要出具相应的发票，不开发票而是开收据是违法的。

《民法典》第五百六十三条规定："有下列情形之一的，当事人可以解除合同：（一）因不可抗力致使不能实现合同目的；（二）在履行期限届满前，当事人一方明确表示或者以自己的行为表明不履行主要债务；（三）当事人一方迟延履

行主要债务，经催告后在合理期限内仍未履行；（四）当事人一方迟延履行债务或者有其他违约行为致使不能实现合同目的；（五）法律规定的其他情形。以持续履行的债务为内容的不定期合同，当事人可以随时解除合同，但是应当在合理期限之前通知对方。"根据这一规定，在履行期限届满前，当事人一方明确表示或者以自己的行为表明不履行主要债务的，当事人可以要求解除合同。在本案中，某教育机构教师教课质量差，同时该机构也没有办学资质，这种行为均属于以自己的行为表明不履行主要债务，培训的目的没有达到，作为消费者一方，也就是家长一方，有权选择解除合同。

另外，某教育机构不具备相应的办学资质，甚至构成了虚假宣传，培训的质量达不到，自己违约在先，家长是有权解除合同的。这种情况是不能收取家长违约金的。再退一步讲，即使是家长选择退费，在这一类预付款的消费当中，也不能扣除家长的违约金。理由就是该机构在收取家长款项的时候没有订立合同，没有订立合同又怎么存在违约？违约金是有约在先，某一方单方违约了才需要支付违约金，如果最初连约定都没有，家长何来违约？而且这种预付款消费，从对消费者保护的角度来讲，没有签订合同的预付款消费，基本上授予了消费者任意解除权，是随时可以解除的。

更重要的一点是，即使双方有约在先且消费者这一方违约了，那么违约有没有给某教育机构带来损失？违约金的数额是跟损失挂钩的，也就是违约金不能超过损失。从教育培训机构来说，没有办学资质却收了家长的费用，只开了一张收据而没有开发票，而且经常换老师，达不到培训效果，家长即使要求退费也不构成违约，即使构成违约，30%的违约金是某教育机构单方设定的，除非可以证明己方遭受了这么大的损失，否则这个设定是没有效力的，是不合理的。

在这一类的预付款消费合同当中，或者预付款消费纠纷当中，包括教育培训、美容美发，也包括一些健身培训类的预付款消费，往往是你预付多少款，商家就给你提供多少服务，比如说这40课时是多少钱，再送你40节课时，这个赠与不是白赠与的，它是附条件的，所附的条件就是你要有偿消费才赠与，所以这个赠与是有价值的，它跟普通的赠与不一样。在这种情况下家长要求解除合同，应该按照平均课时的费用，也就是应该按实际缴费算。商家单方设定的条款未经和消费者协商一致，对消费者不发生法律效力，也就是说至少在《消费者权益保护法》上，是侵犯了消费者的知情权和选择权。

在现实生活中，教育机构为了能让家长购买更多的课程，往往会采取购买课程越多越优惠的营销策略，导致部分家长一次性缴纳过多的培训费，培训周期也相应拉长。而教育培训机构良莠不齐，在履行协议过程中时常会产生纠纷，甚至会发生机构"卷钱跑路"的现象，而家长往往缺乏证据导致维权困难。

因此，家长购买课程时，首先，应对教育机构的资质进行核查，并与培训机构签订书面协议，明确各自的权利义务、课程标准并约定协议解除的情形等；其次，在缴费时应将费用缴纳至教育机构的对公账户中，而不是某个员工账户；最后，在履行协议过程中，应与教育机构保持联系，明确自己的孩子已经上了多少课程，剩余课程费用有多少等。教育培训机构在宣传推广课程的时候对家长所作出的承诺，在履行合同当中要遵守，不能随意更换老师，也不能随意降低教育培训的质量，而且要达到推广宣传的时候所宣称的培训效果。

保险，保险，只"保"不赔，好"险"！

保险合同·保险索赔·损失定价

【故事】

去年 3 月李女士为自己的爱车购买了车辆全保，花了 2900 元。两个月后，李女士开车不幸发生了交通事故，车辆严重损毁，交警定损 33000 元。李女士修车花了 30000 余元，并提前自行支付给了修车店。

但当李女士和保险公司沟通理赔时，保险公司的工作人员告知她，公司只愿意赔付 17000 元。保险公司拒赔 13000 余元的理由是：李女士的汽车维修所使用配件很多不是原厂配件，实际维修价值并未达到 30000 元，故保险公司只能按该车维修实际使用配件的价格赔付。李女士认为，自己购买了全保，保险公司就应该全额赔付维修费用。双方协商未果。

像李女士这样的烦恼很多人都经历过。那么，李女士购买了全保，要求全额赔付维修费合理吗？保险公司以维修配件不是原厂配件，价值不符拒绝赔付合理吗？消费者在购买车险和要求理赔时，应该注意避开哪些陷阱呢？

【故事评析】

本案是一起保险合同纠纷。

《民法典》合同编对有名合同作了大量的规定。例如，买卖合同、承揽合同、运输合同等，但对保险合同却没有专门的规定。虽然保险合同是有名合同，但它并未被载入《民法典》，其原因在于《保险法》对保险合同已经作了详细的规定，因此《民法典》不需要对其进行重复的规定。

《保险法》第二条规定："本法所称保险，是指投保人根据合同约定，向保险人支付保险费，保险人对于合同约定的可能发生的事故因其发生所造成的财产损失承担赔偿保险金责任，或者当被保险人死亡、伤残、疾病或者达到合同约定的年龄、期限等条件时承担给付保险金责任的商业保险行为。"第十条第一款规定："保险合同是投保人与保险人约定保险权利义务关系的协议。"在本案中，李女士作为投保人，与保险公司订立了保险合同并按保险金额支付了保险费。李女士买了一份汽车全保，这是一种汽车综合保险，其中涉及汽车事故的主要险种就是车辆损失险。车辆损失保险指被保险人或其允许的驾驶员在驾驶保险车辆时发生保险事故，造成保险车辆受损，保险公司在合理范围内予以赔偿的保险。李女士的汽车出了车祸，导致的损害由交警进行鉴定，并有具体的维修支出，其要求保险公司全额赔偿，合情合理。如果保险公司不提供全额赔付，李女士可以按照合同规定，将其提交给具有管辖权的法院或仲裁机构。

该案中，涉及的保险公司以修理零件并非原厂，且不符合其价值为由拒绝赔偿李女士，是否有道理呢？如上所述，李女士的索赔要求是合情合理的，而保险公司拒不支付全部赔偿的原因也没有任何证据可以证明。保险公司不能只凭自己的主观臆断或单方面的原因而拒绝赔偿。如果对赔偿数额有争议，应由保险公司按照双方的协议，将其提交法院或仲裁机构进行裁定。在日常生活中，保险公司对保险的价格、理赔条件、免责条款等方面的知识更为了解，因而在保险买卖中，保险公司总是占据主导地位。正因为买卖双方在缔约地位上的不平等，所以要提醒广大消费者，在购买保险时，要特别关注保险合同及其附件中所载的条款，其内容非常复杂，不仅要有专业的保险知识，还要有专门的法律知识。建议消费者在购买保险时，要听从专业人员的意见，而且可以与法律专家或者懂法律的朋友商讨，弄明白条款的全部内容后，才能决定是否投保。特别是对于与保险公司订立的免责条款、拒赔条款，更要高度重视。同时，也要提醒消费者，当汽车受损后，应与保险公司进行沟通，并保存通话录音、微信聊天记录等完整的证据，以便在遇到拒绝赔偿或部分拒绝赔偿时，可以依法进行维权。

从超市购买的纯牛奶变质，拖了一年仍未得到赔偿

买卖合同·消费维权·损害赔偿

【故事】

何先生在某超市购买了 12 盒 1 升装的脱脂纯牛奶，包装盒上显示保质期为一年。因这批纯牛奶属于常温奶，何先生并未在短期内喝完。一天，何先生临睡前喝了其中一盒纯牛奶，谁知几十分钟后出现肚子痛、呕吐症状。经仔细查看，何先生发现该盒牛奶产生异味、化水等变质情况。因为他当时喝的时候是拌了蜂蜜的，所以异味不太明显。次日，何先生带着那盒变质的牛奶到超市讨说法。超市主管卢经理查看后，确认了牛奶变质的事实。因双方对赔偿金额有分歧，超市方让何先生找供应商索赔。在市场监管部门的介入下，供应商同意赔偿何先生 1000 元，但令人没想到的是，后来供应商却突然失联了，何先生只能再次找到该超市索赔。

经多次协商后，超市一方与何先生达成和解，同意赔偿 1000 元。不过，超市出具的和解书中提出了多个要求，包括"如当事人有到相关部门投诉，请去相关部门撤诉并把撤诉报告带来，并请提供本人身份证复印件"等。因身份证复印件涉及个人隐私，何先生不想提供，结果超市就拖着不赔偿。到现在已经过了一年时间，该超市都没有把 1000 元赔给他。那么，这家超市让何先生提供本人身份证复印件合理吗？超市方拖着不赔偿该怎么办？

【故事评析】

本案是一起买卖合同纠纷，也是消费维权纠纷。

《消费者权益保护法》第七条规定:"消费者在购买、使用商品和接受服务时享有人身、财产安全不受损害的权利。消费者有权要求经营者提供的商品和服务,符合保障人身、财产安全的要求。"同时,《民法典》第一千二百零二条规定:"因产品存在缺陷造成他人损害的,生产者应当承担侵权责任。"第一千二百零三条规定:"因产品存在缺陷造成他人损害的,被侵权人可以向产品的生产者请求赔偿,也可以向产品的销售者请求赔偿。产品缺陷由生产者造成的,销售者赔偿后,有权向生产者追偿。因销售者的过错使产品存在缺陷的,生产者赔偿后,有权向销售者追偿。"根据以上法条可知,产品责任是指由于产品有缺陷,造成了产品的消费者、使用者或第三者的人身伤害或财产损失,依法应由生产者或销售者分别或共同负责赔偿的一种法律责任。产品责任的构成要件有以下几点:一是生产或销售了不符合产品质量要求的产品;二是不合格产品造成了他人财产、人身损害;三是产品缺陷与受害人的损害事实间存在因果关系。

本案例属于食品消费买卖合同纠纷,当购买的食品出现质量问题时,消费者有权请求商家赔偿损失,甚至是三倍赔偿。案例中的何先生喝了某超市的纯牛奶导致身体出现肚子痛、呕吐症状,既可以要求超市承担责任,也可以主张供应商或生产商承担责任,都符合法律规定,因为消费者是有选择权的。

再说回提供个人身份信息的问题,根据一般生活经验法则,消费者到超市购物,并不需要提供个人身份信息,只要付了款,消费法律关系就成立了。因此,超市要求何先生提供身份证复印件的做法缺少法律依据。超市凭借当次的消费记录确定了是消费者本人,就可以进行赔偿,赔偿也只是针对那一次购买给消费者造成的损失,赔偿后就代表此次交易行为的处理结束了。

在此提醒,作为消费者,要有基本的法律知识和维权意识,不仅要学法、守法,还要用法,敢于拿起法律武器维护自己的合法权益。首先,消费者在购物消费时,要记得索要发票并保存好。在日常消费中,我们经常会在不经意间将发票丢弃,但是一旦出现任何商品问题,发票与消费记录的作用是至关重要的。其次,注意与商家协商沟通。发现问题时,我们可以先与商家协商,以退款或者是换货等方式解决。再次，遇到问题时向律师等相关专业人员咨询，寻求法律帮助。在我们发现问题的时候，不能盲目地去解决，一切都要有法律的依据，根据法律规定有效地维护自己的合法权益。最后，在发生争议时，消费者可依法向人民法院提起诉讼，运用法律武器来维护自身的合法权益。

错还一个充电宝，国庆假期惹烦恼

租赁合同·帮助行为·违约责任

【故事】

充电宝长得像，难辨别，事主东家借，西家还，惹出一堆麻烦。事主是个小伙子，他借了A公司的充电宝，但去归还的时候，可能是因为没太注意，还到了B公司那里。因为是国庆放假期间，他当天没有联系到B公司的工作人员。由于充电宝的机器放在店里面，店里的工作人员帮他联系到B公司的客服人员。客服说会有人跟进这件事情，到时候再联系他。但是过了三天，都没有人联系他，这时他收到了一笔扣费通知，是A公司扣费的。

他去了解之后发现，原来是B公司的工作人员取走了充电宝，说帮他归还了，但是否还到了A公司装置里就不记得了。因为充电宝上也没有写明是哪家公司的，反正帮他还到那个型号的机器里面了，但是不确定有没有还对。小伙子再咨询A公司，A公司说系统还是显示未归还。这件事到底是谁的责任，该怎么处理？

【故事评析】

我们经常说"借用"充电宝，其实这在法律关系中不属于借用，而是属于租赁法律关系。

《民法典》第七百零三条规定："租赁合同是出租人将租赁物交付承租人使用、收益，承租人支付租金的合同。"本案中的租赁关系，就是充电宝的经营主体，把充电宝临时出租给消费者使用，消费者根据使用的时长来付费。在这个租赁法律关系当中，消费者既然承租了一个充电宝，就应该向指定的出租主体归还。导致这个案件发生的根本原因，是消费者借了 A 公司的充电宝，但他没有归还给 A 公司，而是归还给 B 公司了，这是消费者过错造成的。这种情况下，无论是 A 公司的客服，还是 B 公司的客服，尤其是 A 公司的客服，有义务配合消费者来解决纠纷。

当然，如果当时确实是适逢国庆放假期间为非工作日，导致消费者没办法联系上客服，也应该属于正常情况。甚至在网络消费的协议中，或者在电子合同中都有这样的约定。在这种情况下所导致的损失，或者消费者的损失进一步扩大，法律责任也应该由消费者来承担。

另外，鉴于这种租赁关系中起租点的确认以及结束租赁关系确认是靠网络电子识别系统来完成的，消费者不是从人的手里拿走，也不是归还到人的手里，所以从出租方的角度来讲，它只能根据系统所显示的消费者有无归还来确认租赁物的状态。除非消费者归还了，但系统仍然显示未归还状态，这时法律责任才应该归于出租一方。但本案是消费者确实没有归还，即使消费者归还到其他的地方去了，作为出租方来讲，它的系统里没有显示归还，那就只能推定是使用状态。至于消费者辩称归还到第三方，即归还给了 B 公司，或者归还到了 C 公司，这是消费者自己的过错。

实际上，放置充电宝装置的商家的店员，以及 B 公司的工作人员，对消费者是没有法律上的义务的。店员打电话联系人工客服的行为，属于帮助行为。因为消费者没有借 B 公司的充电宝，那 B 公司跟事主之间没有合同关系。从法律关系上看，第一，事主跟 A 公司之间是租赁关系，事主作为承租人没有归还租赁标的物，租赁标的物就视为在事主租赁使用期间，所以事主应该按租赁期间付费。第二，事主跟 B 公司之间没有租赁关系，B 公司只提供帮助行为，鉴于这种帮助行为是无偿的，因此也不需要承担法律责任。

再进一步说，如果 B 公司的工作人员把充电宝取走之后，还到了 C 公司去了，那也只能说 B 公司的工作人员在提供帮助行为过程中出了差错，这个差错的法律后果仍然由被帮助人来承担。比如，你的什么东西提不动，我来帮你提一下，结果不小心一下子摔坏了，这个后果还是由你来承担。因为我不是你花钱雇来帮你提的，而是我免费帮助你的，这就是法律上的帮忙行为。法律要鼓励乐善好施，鼓励帮助别人，万一出现了非故意和重大过失的损失，仍然是由被帮助人来承担。再如，你踩单车，上坡上不去，后面一个人帮你推了一把，结果一推，不小心反倒推倒了，在这种情况下他不承担责任，因为他是好心帮你的。但如果他故意推你，那就要承担法律责任。或者在你明确拒绝的情况下，他仍然提供帮助，导致你摔倒他也要承担一定的法律责任。

回到本案中，B公司的工作人员的行为，是不需要对事主承担责任的。无论是B公司的工作人员把案涉充电宝还到A公司处，还是还到C公司处，事主都要支付租赁期间的费用。如果还到了C公司处，那事主还有义务去跟踪，把误还到C公司处的充电宝重新拿回来，再归还到A公司处，整个租赁关系才形成闭环，事主才不需要再承担租金，否则事主仍然要承担租金。当然，鉴于这件事发生在国庆假期期间，A公司的工作人员没有及时地处理消费者遇到的这个状况，建议事主跟A公司来协商，看能不能减免误还这段时间的费用。

核心问题还是消费者自身的原因导致的。当然往深里说，有些充电宝，包括归还的设施和充电宝的外形，容易造成外观上的混淆，使消费者在选择归还的时候，容易造成误解。这个案例也给充电宝的经营主体提了个醒，为了防止发生类似情形，给各方带来不必要的麻烦，应该对充电宝的颜色外观进行区分化和差异化的改变。

贷款不成不退预付款，车行毁约怎么办？

机动车买卖合同·合同履行·征信贷款

【故事】

小郑最近遇到了这样一件烦心事，他在网上看到销售二手车的短视频后，就添加了车行销售经理罗先生的微信。双方开始就一款东风日产的二手车进行沟通交流，并决定采用分期贷款的方式进行交易。小郑来到车行选好一辆价值 103000 元的二手车后，与车行签订了汽车转让合同，并交了 5000 元预付款。合同中除对车辆的状况、价款以及买方支付价款的方式等作出明确约定外，还特别备注了"假如贷款不通过，退回"的条款。

车行帮小郑申请银行分期贷款审批未通过，原因是小郑的个人征信有问题。随后，车行说另一家银行可以办理贷款，但需要小郑提供担保人。对此，小郑表示无法接受。在他看来，既然正常申请贷款不通过，车行就应该退款。而车行方面却称，虽然小郑的个人征信有问题，但只要他配合找一位征信方面没问题的人提供担保，贷款申请有 90% 以上的概率可以通过。现在小郑不配合，是他个人的问题，所以他们有权拒绝退钱。那么，这份汽车转让合同有法律效力吗？合同约定的"假如贷款不通过，退回"条款有效吗？通过什么方式才能解决这个纠纷？

【故事评析】

本案是二手机动车买卖合同纠纷。

根据《民法典》第四百六十四条第一款的规定："合同是民事主体之间设立、

变更、终止民事法律关系的协议。"在这个案件当中，双方就买卖二手机动车一事签订了书面的合同，双方之间设立了民事法律关系，后面因此合同的履行产生了纠纷。

本案中，双方约定了在买方办理贷款不能通过的情况下，合同解除，卖方应当退回已收取的预付款。那么，这一条款是否有效呢？就本案而言，在不违反强制性的法律法规的情况下，这一条款是有效的。双方需要按照这个约定来履行合同义务。同时，这个约定是法律规定的附条件的法律行为。《民法典》第一百五十八条规定："民事法律行为可以附条件，但是根据其性质不得附条件的除外。附生效条件的民事法律行为，自条件成就时生效。附解除条件的民事法律行为，自条件成就时失效。"据此规定，本案中的约定属于附解除条件的法律行为，双方约定了合同的解除条件，当解除条件成就之时，就会发生合同的终止。在合同解除的情况下，卖方应该退还 5000 元预付款给买方。即郑先生去办理贷款，因个人征信问题或其他问题不能获得贷款，按照合同约定，其有权要求车行退还 5000 元预付款，车行也应退还其预付款。

从案件争议焦点来看，当事人双方显然对"贷款不通过就退款"的约定有不一样的理解，但该合同没有详细约定买方"需要在担保人担保下获得贷款"的情形，只是约定"贷款不能通过"的情形，但是贷款不通过一般会有非常多的理由，如征信情况、自身财产情况、自身曾有违约行为等，双方没有详细约定不通过的情形。根据《民法典》相关规定，当事人对合同条款的理解有争议的，应当按照所使用词句，结合相关条款、行为的性质和目的、习惯以及诚信原则，确定意思表示的含义。在这个案件中，我们可以根据通常的理解习惯来解释这个条款，即只要贷款不通过，交易就取消，基于什么原因就不再追问。

总的来说，除非在合同中事先约定了，否则当事人任意一方都不能擅自增加合同内容。案件中，双方事前就约定好了合同解除的条件，当条件成就时，车行又找理由说条件不符合，这种情况下若车行不退款，那么 5000 元就属于其额外获利。实践中，从商业利益平衡和公平交易的角度来说，法律不鼓励任何合同之外的附加条件。

二手卖家不诚信，为什么要买家来承担损失？

买卖合同·质量纠纷·违约责任

【故事】

近日，阿芳在某平台反复筛选，看中了一款二手学步鞋，原价约200元，转让价74元。据卖家描述，鞋子有9成新，她家宝宝没穿几次，只有轻微穿着痕迹。阿芳信以为真，就下单购买了，收到包裹一看，却发现鞋子散发出一股很大的霉味，鞋垫上还有发霉的斑点。阿芳认为该鞋子存在质量问题，与卖家的描述不符，故申请退货退款。经沟通后，卖家虽然同意退货，却以"二手东西是不退不换的"为由要求阿芳承担寄、退鞋子的两次运费。

因双方无法达成一致意见，阿芳申请平台介入。某平台通过"小法庭"进行"审判"，谁知投票结果是支持卖家。阿芳再次发起申诉，平台却再次"判决"她输，并直接把74元货款付给卖家，还关闭了交易。因收到了货款，卖家不再与她沟通。某平台客服回应，承认鞋子确实存在质量问题，当时"判决"阿芳输是依据买卖双方提交的凭证，遵循的也是平台运营规则。对于阿芳的问题，客服提供了两种解决方法：一是平台帮她申请45元货款赔付；二是自行与卖家协商退货退款。对此，阿芳表示不接受，商家不诚信，为什么要买家来承担损失？但她也表示没有更好的办法了，准备接受"赔付45元"的解决方式。这个案例带给消费者哪些警示呢？

【故事评析】

本案是网络买卖合同纠纷。

《民法典》明确规定保护民事主体的合法权益,调整平等主体之间的人身和财产关系,禁止任何组织或者个人侵犯民事主体的人身权利、财产权利以及其他的合法权益。《民法典》第一百二十八条规定:"法律对未成年人、老年人、残疾人、妇女、消费者等的民事权利保护有特别规定的,依照其规定。"该条将消费者等特殊人群合法权益的保护纳入《民法典》中,能够更充分地发挥《民法典》的作用,完善《民法典》对于弱势群体特殊保护的体系,从而使得对消费者保护成为《民法典》的一部分。本案中,从消费者阿芳的角度来看,她可以依据《民法典》相关规定实现对消费者权益的保护。

回顾这个案例,属于二手商品的买卖纠纷,虽说是二手商品,但根据《民法典》第五百七十七条"当事人一方不履行合同义务或者履行合同义务不符合约定的,应当承担继续履行、采取补救措施或者赔偿损失等违约责任"的规定,如果合同当事人不履行合同义务或者履行合同义务不符合约定,就要承担违约责任。在本案中,阿芳和卖家在沟通的过程中,卖家描述鞋子有九成新,她家宝宝没穿几次,只有轻微穿着痕迹。阿芳信以为真并下单购买,在此情况下,卖家提供的鞋子应当达到其当时向阿芳承诺的品质,卖家仍有保证其销售商品的质量、性能、用途以及有效期限等义务,否则应当承担违约责任。当然,如果买家在购买前已知道商品存在瑕疵,那么瑕疵的存在不违反法律的强制性规定,这种情况下,可以免除卖家质量保证的义务。正因为有该法规的存在,使得有些二手商品的交易平台和卖家就可以依据对这条法律的理解,任意扩大自己的权利。譬如本案例中的学步鞋有异味、破损,但卖家觉得自己卖的是旧东西,所以就不承担"三包"义务。

这个案例说明,在二手商品交易和旧货交易领域中,相关的法律规则是比较滞后的。虽然《消费者权益保护法》有相关规定,但其规定不详尽,经常会发生争议,导致卖方或交易平台任意地扩大自己的权利,从而损害消费者的权利。本案例中卖家称"二手东西是不退不换的",这显然是不合理的。但从本案的商品来说,学步鞋在具备使用功能的情况下,消费者因为它有异味、发霉了,认为卖家应该退货退款,这个主张很难得到法律支持。因为在相应的法规中,消费者找不到卖家、平台违法的依据。

近年来，个人闲置物品的网络交易方兴未艾，交易人数、交易量发展迅速。各大二手商品网络交易平台的出现，更促进了社会上个人闲置二手商品网络交易的繁荣，但不可忽视的是二手商品网络交易平台中销售者发布的商品鱼目混珠，侵害合法权益的事件多有发生。对于二手商品网络交易平台发生的交易，买家权益受到损害，能否适用《消费者权益保护法》要求销售者承担经营者责任，相关法律规定并不明确。从促进全社会个人闲置二手物品线上交易健康、规范、有序发展，以及平等保护市场交易主体合法权益的角度考虑，有必要对网络二手市场的交易主体进行区分，应在综合考虑出售商品的性质、来源、数量、价格、频率、是否有其他销售渠道、收入等情况下，合理将长期从事二手交易营利活动的销售者界定为经营者，适用《民法典》以及《消费者权益保护法》的相关规定，以切实维护消费者的合法权益。

同时，在此提醒消费者，目前二手商品买卖的评价标准比较模糊，在这种情况下，建议消费者要谨慎购买。二手商品交易本身有利于节约资源，能发挥二次效用，从这个角度看，二手商品的交易应该鼓励。但在目前没有健全相应的管理法规和相应交易规则的情况下，加上各个交易平台自己设定了一些解决争议的规则，不一定能够合理保护到消费者的利益。所以从这个角度看，消费者在看中其价格便宜的情况下，也要接受相应的风险，如不能享受无理由退货或相关权益的保障。另外，建议消费者尽量选择一些信用比较好、更侧重保护消费者权益的平台，同时，选择那些在销售商品的电子合同当中已做了相应承诺的商家去购买。

房贷未确定前别轻易签合同

房屋买卖·借款合同·合同解除

【故事】

买房本来是件开心事,但是黄女士的遭遇却令人唏嘘。黄女士看中了一套房子,与开发商某房地产公司签订合同后,支付了首付款39万余元。谁知,黄女士后来申请的房贷审批没有通过,她只能与开发商协商退回首付款,但对方却不断拖延退款时间。黄女士说首付款里有19万元是和某网络贷款平台申请的分期贷款,是开发商那边的工作人员帮忙操作的,当初开发商承诺免息10个月,但现又否认了免息的说法,让黄女士自行支付这笔分期贷款的利息。由于退款一直被拖延着,目前黄女士已连续支付了6个月的利息近2万元。

那么,开发商工作人员帮忙操作贷款用于首付的行为合法吗?消费者贷款买房要注意哪些问题?

【故事评析】

本案属于商品房买卖合同纠纷,首付用网贷是违规的,房贷审批很难会通过。

这起事件主要涉及两个法律关系,一个是黄女士与开发商之间的商品房买卖合同关系,另一个是黄女士与某网络贷款平台之间的借款合同关系。

《民法典》第六百二十六条规定:"买受人应当按照约定的数额和支付方式支付价款。对价款的数额和支付方式没有约定或者约定不明确的,适用本法第五百一十条、第五百一十一条第二项和第五项的规定。"可见支付价款是买卖合同中买受人的最基本义务,是出卖人交付标的物并转移其所有权的前提条件。买卖合同中,如果对标的物的价款进行了约定的,买受人就应当依照约定履行支付义务。因此,在商品房买卖中,作为买受人的黄女士,首先要清楚自己的购买能力,在自身购买能力不足且向银行贷款存在不确定性的情况下,不要急于与开发商签订商品房买卖合同。因为一般情况下,商品房买卖合同中都是约定在买受人不能获得银行贷款的情况下,买受人仍然要自己解决付款问题,否则买受人构成违约,要承担高额的违约成本。当然,作为出卖人的开发商明确书面承诺,在消费者不能获得银行贷款的情况下,合同终止,双方不承担违约责任的除外。

而就借款合同关系而言,《民法典》第六百六十七条规定:"借款合同是借款人向贷款人借款,到期返还借款并支付利息的合同。"据此规定,即使是通过房地产销售人员联系到的贷款平台,消费者也要自己尽到足够的审慎义务,要了解平台的合法性及借贷的有关条款,尤其是涉及利率、利息的支付方式、违约责任等关系消费者切身利益的重要条款,必须认真看清楚,再决定是否借贷。如果借贷平台或开发商的销售人员或者其他中介人员确实承诺借款在一定期限内免息的,一定要落实到纸面上,签订书面协议,否则消费者在维权时会十分被动。

房地产中介写错一个字丢了5.9万元

中介合同·违约责任·格式条款

【故事】

某房地产中介帮开发商拉了一个客人,也促成了签约,但是在填写电话号码验证时,把电话号码输错了一位。开发商就以填错一位号码为由,把这位客人当成自来客,不给中介佣金了,佣金是5.9万元。中介是承接贝壳的业务,开发商跟贝壳签约,合同上说有任何一点出错都是无法申诉的,开发商都不会支付佣金。但实际上客户能证明是中介带着自己去买的房子。那么,这个纠纷该怎么解决?合同中的约定属于"霸王条款"吗?

【故事评析】

本案是中介合同纠纷。

《民法典》第九百六十一条规定:"中介合同是中介人向委托人报告订立合同的机会或者提供订立合同的媒介服务,委托人支付报酬的合同。"在中介合同中,接受委托报告订立合同机会或者提供交易媒介的一方为中介人,也称为居间人,给付报酬的一方为委托人。在中介合同中,中介人的主要义务就是提供中介服务以促成委托人和第三人订立合同。

本案中,中介对开发商的房源进行介绍,然后找到意向中的买受人,促使买受人和出卖人之间达成交易。只要中介促成交易的事实是存在的,作为中介一方来讲,他履行了居间人的义务,就享有作为居间人的权利。也就是说,开发商仍然需向中介支付约定的佣金。

至于开发商所说的,买受人当时在填写电话号码的时候出错,并以此为由拒绝支付佣金，电话号码错误这个细节，并不影响实质上是由中介促成这次交易的。既然交易最终是由这位中介来促成的，那么中介就享有要求支付佣金的权利，不能因为他填错了一个电话号码，就认定这是一个新的客源，这是错误的。况且，从买家的角度来讲，他是怎么来到这个楼盘的？是谁带他来的？整个过程是由谁来促成的？这个事实是确定的，只要这个事实是中介来完成的，那么中介履行了义务，促成了交易，就应该享有收取佣金的权利。

既然是开发商和贝壳签约，相关合同条款约束的就是开发商和贝壳。至于贝壳跟本案中实际从事了中介行为的当事人，要看他们之间有没有约定该条款。如果他们之间没有约定这个条款，该条款对本案实际上提供中介服务的当事人是不适用的。如果有这一条的话，要看这一条是否排除了对方主要的权利，是否属于单方设定的条款。如果是单方设定的条款，免除了自己这方的义务，从而排除了对方的权利，应当认为是"霸王条款"。

《民法典》第六条规定："民事主体从事民事活动，应当遵循公平原则，合理确定各方的权利和义务。"第四百九十七条规定："有下列情形之一的，该格式条款无效：（一）具有本法第一编第六章第三节和本法第五百零六条规定的无效情形；（二）提供格式条款一方不合理地免除或者减轻其责任、加重对方责任、限制对方主要权利；（三）提供格式条款一方排除对方主要权利。"可见，当合同双方因"霸王条款"发生争议的时候，应该作出对提供条款的一方不利的法律解释。那也就是说，我们倾向于认为应该作出对中介方有利的解释。更重要的是，有一点瑕疵就不能享有中介费的话，这样的约定也是不合理的。为什么不合理？因为任何交易行为中写错一个号码都很正常，不能因为有一点瑕疵就剥夺他的权利。本案中，中介可以去法院起诉，或者去仲裁机构申请仲裁，裁判机构会以是否提供了真实的中介服务来作为裁判是非的标准。

房东私提电价，放言"接受不了可以搬"

租赁合同·供电合同·电费

[故事]

陈小姐收到房东发来的短信，从本月开始租房电费单价提高 0.22 元。因不了解阶梯电价，陈小姐对于房东提高电费的行为并没有感到哪里不妥。直到朋友算了一笔账，她才发觉有点不对劲。按照本省物价部门的规定，夏季（5—10月）第一档电量为 0—260 千瓦·时，电价不作调整，为 0.62 元 / 千瓦·时；第二档电量为 261—600 千瓦·时，电价每千瓦·时加价 0.05 元，为 0.67 元 / 千瓦·时；第三档电量为 601 千瓦·时及以上，电价每千瓦·时加价 0.3 元，为 0.92 元 / 千瓦·时。换言之，只有超过 600 千瓦·时的部分才是 0.92 元 / 千瓦·时。如果陈小姐使用的总电量真如房东所说每月都超过 600 千瓦·时，这样算起来，房东每月多收取的电费就达到近 200 元。

陈小姐随即联系房东，房东却说业内都是这么收费的，接受不了可以搬走。陈小姐拨打了 12315 消费者热线，接线员建议其拨打 12358 价格举报中心的电话。12358 接线员告诉陈小姐，阶梯电价只是政府指导价格，物价部门所能监管的只是电费缴纳者，租赁双方的电费价格是属于市场调节价，是由协议双方自主制定，并自愿执行，政府无法监管，如果双方协调不了，可通过民事途径解决。房东收取租客"高电价"的行为普遍存在。"高电价"之风为何刹不住？租客应如何维护自己的合法权益？

【故事评析】

本案是房屋租赁合同纠纷。

《民法典》第七百零三条规定："租赁合同是出租人将租赁物交付承租人使用、收益，承租人支付租金的合同。"房屋租赁合同是出租人把房屋租赁给承租人使用，承租人支付租金的合同。实践中，有关房屋的用途、租赁期限、租金及其支付期限和方式、租赁物维修等条款，通常由租赁双方在合同中约定。除了租金以外，物业管理费、水费、电费、电信网络费等费用，一般由承租人负担，除非双方之间另有约定。

　　关于用电和电费支付问题，《民法典》第六百四十八条第一款规定："供用电合同是供电人向用电人供电，用电人支付电费的合同。"第六百五十四条第一款规定："用电人应当按照国家有关规定和当事人的约定及时支付电费。用电人逾期不支付电费的，应当按照约定支付违约金。经催告用电人在合理期限内仍不支付电费和违约金的，供电人可以按照国家规定的程序中止供电。"

　　根据上述规定，案涉租赁合同的房东系用电人，其依据与供电企业的约定，向供电企业交付电费。因陈小姐是电力的实际使用人，故房东有权向陈小姐收取房东应向供电企业交纳的电费。《电力法》第四十四条规定："禁止任何单位和个人在电费中加收其他费用。"据此规定，在没有事先与承租人协商一致的情况下，房东单方提高电价，属违法行为，其多收的费用应当退回给承租人。

　　现实中，"高电价"之风为何刹不住？很多房东对此都认为，房屋租赁中的"电费"包含的不仅是电的价格，还可能包含所涉物业的总表与分表之间的电损，以及用电变压器的改装及维护等费用，并非纯粹的电价。"高出的电价"属房屋租赁合同的一部分事项，而非单纯的租客的用电价，对于这部分的定义应当属于当事人意思自治的范畴，并不存在违反法律法规禁止性规定的情形。但是，笔者认为，供用电、供用水等是涉及公共利益的民生工程，《民法典》有专门的篇章来规定相关的行为。如果合同表明是电价、水价、燃气价，那内容就应只包括法律规定的内容，而不包括电损、改装、维护等费用。如果房东还需要主张上述相关费用的，完全可以在租赁费中明示，而不可能用电费、水费来搭车收费，或者"模糊处理"。因此，房东收取租客"高电价"的行为是违法的。

附赠的电视机顶盒为什么不能退?

电信服务合同·强制消费·消费者权益

【故事】

香先生使用某电信运营商的宽带产品已近两年,今年办了宽带续约,距离宽带套餐到期还有半年。前不久他接到电话通知,对方表示市内宽带用户要进行光纤升级,若不及时升级将不能正常使用宽带,光纤升级费用399元需要用户自己承担。虽然突然被要求升级令香先生觉得莫名其妙,但因此前对该电信运营商的产品使用感受还不错,就同意了。办理光纤升级时,香先生发现套餐附赠一个电视机顶盒,考虑到家里只有电脑没有电视机,就向工作人员表示不想要机顶盒。但工作人员说显示器也可以连到机顶盒,所以他就接受了。岂料安装师傅上门服务时却告知香先生,需要加钱加装其他设备才可以正常使用机顶盒。

香先生随后提出退回机顶盒的要求,却没有得到处理。他去营业厅询问退货的事情,工作人员答复可以退,让他拿号排队。他排了3个小时的队,前台工作人员却又说不能退机顶盒,否则要付200元违约金。香先生十分不满,经过交涉,前台工作人员最后同意免费退回机顶盒的申请,但是光纤网速要从50兆降到20兆。香先生的遭遇算不算是被强制消费,某电信运营商的做法有没有侵犯消费者的合法权益?

【故事评析】

本案是电信服务合同纠纷。

《民法典》第六条规定:"民事主体从事民事活动,应当遵循公平原则,合理确定各方的权利和义务。"第七条规定："民事主体从事民事活动，应当遵循诚信原则，秉持诚实，恪守承诺。"第十一条规定："其他法律对民事关系有特别规定的，依照其规定。"本案为电信服务合同纠纷，又涉及消费者权益保护的内容，应当适用《消费者权益保护法》。

《消费者权益保护法》第十条规定："消费者享有公平交易的权利。消费者在购买商品或者接受服务时，有权获得质量保障、价格合理、计量正确等公平交易条件，有权拒绝经营者的强制交易行为。"第十六条规定："经营者向消费者提供商品或者服务，应当依照本法和其他有关法律、法规的规定履行义务。经营者和消费者有约定的，应当按照约定履行义务，但双方的约定不得违背法律、法规的规定。经营者向消费者提供商品或者服务，应当恪守社会公德，诚信经营，保障消费者的合法权益；不得设定不公平、不合理的交易条件，不得强制交易。"

根据上述法律规定，本案中，某电信运营商作为服务的提供者，有义务按照和消费者所订立的合同提供相应的电信信号服务。光纤升级之后附赠的机顶盒是赠送的性质，消费者可以免费使用。本案当中若消费者确实没有相应配套设备可以使用的话，应该允许消费者退回机顶盒而不应该收取任何违约金。

若由于电信工作人员告知不清晰，甚至是错误地引导了消费者，使其领取机顶盒存在误解，为了不增加消费者的负担，应当允许他退回机顶盒，如果强制消费者开通或使用机顶盒，则有可能构成强制消费，侵犯消费者自由选择商品和服务的选择权。

婚介公司觅姻缘，见一面就要八千元

服务合同·违约金·格式条款

【故事】

王女士是某旅游平台的高管，事业有成。不过，婚姻大事却迟迟没有着落。她在刷抖音的时候看到了一家婚介公司的广告，马上就心动了，并留下了自己的联系方式。第二天，她就接到婚介公司的电话。工作人员和她聊了几个小时，在此期间还调出了几位优秀男士的相片给王女士看。按店员的说法，这几位男士的条件都非常好，不过要认识的话，就要"办套餐"，价格从一万多元到十几万元不等。

出于谨慎，王女士并没有选择最贵的套餐，而是选择了两万元左右的套餐。怎知钱交了，过了一个星期都没有人联系自己，觉得不对劲的王女士决定把这笔钱拿回来。起初，婚介公司很爽快地答应了王女士的要求，但紧接着又说，正好有一位符合要求的男士，希望王女士见一下面。看婚介公司态度如此诚恳，王女士于是答应见一下面。这一见，导致王女士再次提出退钱的时候被拒绝了，婚介公司说王女士已经开启了服务，无法退全款，要扣除8000元。王女士一共交了20088元，需要扣除20%的服务费4000元，加上承诺给王女士安排五位男士见面，目前已经见了一个，所以扣除再4000元，加起来一共要扣除8000元。那么，婚介公司的扣费要求合理吗？

【故事评析】

本案是婚介服务合同纠纷。

《民法典》第五百八十条规定："当事人一方不履行非金钱债务或者履行

非金钱债务不符合约定的,对方可以请求履行,但是有下列情形之一的除外:(一)法律上或者事实上不能履行;(二)债务的标的不适于强制履行或者履行费用过高;(三)债权人在合理期限内未请求履行。有前款规定的除外情形之一,致使不能实现合同目的的,人民法院或者仲裁机构可以根据当事人的请求终止合同权利义务关系,但是不影响违约责任的承担。"第五百八十四条规定:"当事人一方不履行合同义务或者履行合同义务不符合约定,造成对方损失的,损失赔偿额应当相当于因违约所造成的损失,包括合同履行后可以获得的利益;但是,不得超过违约一方订立合同时预见到或者应当预见到的因违约可能造成的损失。"

本案中,王女士与婚介公司之间订立的婚介服务合同,属于具有人身专属性质的服务合同,是专为特定债权人利益而存在的债权,因此不可以转让。如果王女士与婚介公司丧失履行合同的意愿,合同不适于强制履行。此时,法律应当赋予消费者在服务合同目的无法实现时终止合同的选择权,使消费者从合同约束中解脱出来。根据上述条款,王女士此时可以主张解除合同。由于王女士有支付预付款,因此,中介公司可以在预付款项中扣除已消费部分,未消费部分的余款应予退回。

另外,婚介公司可以主张扣掉王女士20%服务费吗?根据《民法典》的上述规定,单方违约的消费者解除合同后应承担违约责任,损失赔偿额应当相当于因违约所造成的损失。就预付费服务合同而言,因经营者未能提供相应的服务,在消费者主张解约后,才"诱导"消费者继续接受服务。且经营者不能证实消费者的解约行为对经营者的利益产生了实质性损害,因此本案中王女士无须赔偿婚介公司20%的违约金。

需要指出的是,根据《民法典》及相关司法解释的规定,合同中提供格式条款一方不合理地免除或者减轻其责任、加重对方责任、限制对方主要权利的,以及提供格式条款一方排除对方主要权利的,该条款无效。因此,如果王女士与婚介公司的合同条款中有"不予退款"或其他类似表述,排除或限制了消费者的权利,免除了经营者自身应当承担的义务的,该内容应属无效。

在此提醒广大消费者，选择婚恋平台，首先，一定要找那些正规注册的，要有一定的经营场所，有专门提供服务的人员；其次，要看该平台提供的合同条款是否公平，是否有引人误解、虚假或者夸大宣传；最后，要看该平台的经营状况、在行业内的口碑以及有没有相关的合同纠纷等。

寄丢的翡翠手镯只按保价赔付合理吗？

运输合同·货物毁损灭失·违约赔偿

【故事】

一个外地客户购买了某珠宝公司的翡翠手镯，双方以 31185 元的价格交易，有发票为据。客户收到货后发现圈号不对，通过快递寄回换货。快递收件时拍摄了视频和图片，证明货品包装完好。然而珠宝公司的工作人员在收货时，却发现装翡翠手镯的纸箱是被打开的状态，里面的手镯盒完好，手镯却不见了。公司负责人刘先生认为，这明显是人为盗窃，因此拒收，并保存了拆件时的监控视频作为证据。但快递公司方面表示只能赔付保价金额，并表示快递公司根据照片进行鉴定，经鉴定物品价值 6800 元，已按照保价 1.5 万元赔付。快递公司还表示，无法证明丢失的手镯就是发票开具的价值 3 万多元的手镯，因此无法按照客户所说的价值金额赔付。

那么，寄贵重物品时快递丢失，快递公司需要负什么责任？对于翡翠这种特殊定价产品，通过照片进行鉴定是否能作为赔付的依据？若双方协调不一致，可通过什么方式进行解决？

【故事评析】

本案是运输合同纠纷。

《民法典》第八百三十二条规定："承运人对运输过程中货物的毁损、灭失承担赔偿责任。但是，承运人证明货物的毁损、灭失是因不可抗力、货物本身的自然性质或者合理损耗以及托运人、收货人的过错造成的，不承担赔偿责任。"本案中，快递公司是本次翡翠运输合同中的承运人，在运输货物发生丢失的情况下，如果不能证明翡翠的丢失是因不可抗力、货物本身的自然性质或者合理损耗以及托运人、收货人的过错造成的，那就要承担相应的赔偿责任。

对于翡翠这种特殊定价产品，通过照片进行鉴定并不必然地可以作为赔付的依据。因为《民法典》第八百三十三条规定："货物的毁损、灭失的赔偿额，当事人有约定的，按照其约定；没有约定或者约定不明确，依据本法第五百一十条的规定仍不能确定的，按照交付或者应当交付时货物到达地的市场价格计算。法律、行政法规对赔偿额的计算方法和赔偿限额另有规定的，依照其规定。"同时，《快递市场管理办法》第二十条规定："在快递服务过程中，快件（邮件）发生延误、丢失、损毁和内件不符的，经营快递业务的企业应当按照与用户的约定，依法予以赔偿。企业与用户之间未对赔偿事项进行约定的，对于购买保价的快件（邮件），应当按照保价金额赔偿……"在本案中，当事人与快递公司在事先并未对翡翠手镯这一物品进行特别约定，且翡翠手镯已保价，快递公司可以按照保价的标准进行赔偿。快递公司通过照片进行鉴定，不能单方面作为评估物品价值的依据。当事人可以与快递公司先进行协商，协商不成可以委托相应的司法鉴定机构对物品的价值进行评估。在无法协商一致的情况下，建议通过仲裁或诉讼的程序维护自身的权益。

值得注意的是，运输合同纠纷中的举证责任问题。运输合同纠纷适用一般举证责任。归责原则是以货物在运输过程中发生毁损、灭失为要件，采取严格责任原则。举证责任是托运人对其与承运人存在运输合同关系，以及货物在运输过程中发生毁损、灭失承担举证责任；承运人对免责事由承担举证责任。承运人的免责事由既包括法定的责任事由，如不可抗力，也包括约定的责任事由，如免责条款。

健身房突然闭店，会员被强制性转店合法吗？

服务合同·预付款消费·欺诈

【故事】

国庆节前，刘女士收到健身房负责人的单方面短信通知：因与物业发生纠纷，在国庆节前要撤场，要求所有会员转到另外一家健身房上课，且需要在国庆节前完成转换。刘女士去年购买了价值上万元共计34节的私教课，还办了两年的会员卡。她考虑到上课地点变更导致上课距离太远，不同意转店，要求健身房退课退款。

和她有同样诉求的，还有维权群中的200多名会员，群内会员购买了几千到几万元不等的私教课及会员卡，从未想到健身房会突然"跑路"。新健身房没有保障，场地小，更衣室都要排队，没有泳池，转会也没有合同，还要交50元的制卡费才能正常上课，这也是不少会员不愿意转店的原因之一。

刘女士说，商家自行变更了场地，消费者有权决定继续还是终止，而强制性转店的行为没有任何法律依据。不愿意转店，却联系不到健身房负责人，这些会员手中尚未使用的私教课和会员卡额度该如何处理呢？

【故事评析】

本案是服务合同纠纷。

《民法典》第一百一十九条规定："依法成立的合同，对当事人具有法律约束力。"第五百三十三条规定："合同成立后，合同的基础条件发生了当事人在订立合同时无法预见的、不属于商业风险的重大变化，继续履行合同对于当事人一方明显不公平的，受不利影响的当事人可以与对方重新协商；在合理期限内协商不成的，当事人可以请求人民法院或者仲裁机构变更或者解除合同。人民法院或者仲裁机构应当结合案件的实际情况，根据公平原则变更或者解除合同。"

在本案中，刘女士办理会员卡的健身房因物业纠纷撤场，属于《民法典》第五百三十三条规定的合同的基础条件发生了当事人在订立合同时无法预见的重大变化，作为受不利影响的一方可以要求进行协商。本案中，刘女士不同意转店，那么可以请求人民法院或者仲裁机构变更或者解除合同，若觉得新的健身房没有保障，那只能请求解除合同，要求退回未使用的私教课对应金额及会员卡的余额。

健身房跑路纠纷多发，与当前预付款消费制度法律法规不健全有关。因此，应当健全对商家收取预付款行为的法律规定。比如，对于商家收取消费者的预付款设置一个上限，或者在收取一定金额的预付款之后，设置一个监管账户，由政府市场主管部门进行监管，防止商家以各种理由侵占或者恶意侵占消费者的预付款。

对消费者来说，要提高自己的消费风险意识，尽量减少预付款消费。在自身权益遭受侵犯时，应该勇于拿起法律的武器。若无法通过消委会、工商部门进行协商，建议通过法律途径维护自身权益，可向提供公益法律服务的律师寻求帮助，或者采取集体诉讼，这样也可稍微节约诉讼成本，将不法商家绳之以法。

扣违约金合理吗？家长遭遇教育培训退款难

服务合同・解除合同・违约责任

【故事】

黄女士为儿子报读某美术教育机构的美术培训课程，因孩子没有提前试课，交费前，她和这家教育机构的卓老师再三确认："如果孩子来上课后觉得不合适或孩子不愿意上课，是否可以申请退全款？"卓老师的答复是"可以的"。于是，黄女士通过微信扫码支付了5605元。没想到孩子不愿去上课，黄女士便提出退款要求，卓老师答应帮忙办理，但后来不再回复信息。黄女士只好联系该美术教育机构负责人，对方称可以退费，但因已聘请老师，有成本压力，需要扣除20%的违约金，还要求黄女士签订一份"学费退费申请"。该退费申请要求黄女士承认是因个人原因申请退费，自愿承担违约责任，并承诺（退费后）不再追究该培训机构的任何责任。

黄女士认为这份"学费退费申请"明显就是霸王条款，双方明明约定好"不上就退费"，她儿子至今没享受过该机构的任何培训服务，这违约金的说法完全没有依据，她无法接受。像黄女士这种情况究竟能不能全额退款？

【故事评析】

本案属于服务合同纠纷。

本案例中，黄女士与某美术教育机构虽然没有签订一份标准版本的服务合同，但双方通过口头、微信聊天的方式协商达成了一致的协议，双方产生了教育培训服务合同的法律关系。因此，双方往来的电话、微信聊天的内容都可以构成书面合同的证明。

合同的订立是一个要约与承诺的过程，也是双方当事人之间自由协商的过程。黄女士之所以选择以微信转账方式付款，是基于对培训机构承诺的信赖，这才与之订立了合同。所以，卓老师代表该美术教育机构所作出的承诺，也就构成了服务合同条款的一部分。

《民法典》第四百八十三条规定："承诺生效时合同成立，但是法律另有规定或者当事人另有约定的除外。"也就是说，卓老师口头承诺"孩子不上就退全款"是具有法律效力的，因此，黄女士有权利要求某美术教育机构按照"孩子不上就退全款"的承诺来履行合同。针对本案中该美术教育机构提出因为已聘请老师、有成本压力等因素，退款要扣除20%违约金的说法，这属于培训机构单方变更合同内容，即对原本可以全额退款的合同进行了变更。《民法典》第五百四十三条规定："当事人协商一致，可以变更合同。"合同生效后，如果一方要变更合同条款，需要与对方协商一致，在双方未协商一致的情况下，单方变更的合同条款是不产生法律效力的。该培训机构此前并未与黄女士就"退款扣除20%违约金"协商并达成一致，因此这种变更没有法律效力。同时，该培训机构提出的违约金属于弥补守约方所遭受的损失，然而该培训机构并未给黄女士的儿子提供过任何培训服务，无法证明自己存在20%的损失，因此退款扣除20%违约金的要求不合理且没有依据。

此外，针对美术教育机构要求黄女士签署免责条款一事，该退款申请只要没有达到黄女士所要求的全额退款条件，黄女士就不丧失追究培训机构责任的权利，她完全可以不接受培训机构的这个免责条款。黄女士应当保存好有关的电话录音、微信聊天记录以及向有关部门投诉的过程性文件和材料，做好证据保全。如果经沟通后，培训机构仍然拒绝履行义务，黄女士可以采取进一步的维权手段，包括向当地的消费者权益保护组织、教育培训机构的主管部门或有关的行业协会进行投诉，同时还可以向有管辖权的人民法院依法提起诉讼，通过诉讼来维权。

等了几个月的家具竟然"货不对版"还有质量问题

买卖合同·违约责任·损害赔偿

【故事】

门小姐是北方人,她专程来到南方某家具城为自己的婚房挑选家具。门小姐一共挑选了8件家具共66000元,当天就付了36000元定金,并与商家约定好了发货时间。然而3个月过去了,门小姐仍未收到家具。该家具店经理说,由于门小姐预订的实木家具制作周期长,工艺比较复杂,没能及时完成,所以多送她一个玄关柜子作为补偿。等终于到货后,她拆开包装安装家具时,发现电视柜款式和预订款式颜色不一致,此外还有两款家具存在严重质量问题——沙发扶手褪色凹陷,书桌内侧破损有裂痕。

面对"新"家具,门小姐怎么也高兴不起来,不仅婚期受到影响,还有后续一大堆退换货问题等着解决。家具店售后人员态度十分敷衍,也没有送出此前承诺补偿的玄关柜子。他们让门小姐买下送错的电视柜,然后再从退款里面扣除,但门小姐明确表示不同意。那么这事应该怎么解决,怎样才能避免该案例中出现的纠纷和矛盾?

【故事评析】

本案是家具买卖合同纠纷。

买卖合同是《民法典》规定的典型合同之一,是出卖人转移标的物的所有权于买受人,买受人支付价款的合同。《民法典》第五百九十六条规定:"买卖合同的内容一般包括标的物的名称、数量、质量、价款、履行期限、履行地点和方式、包装方式、检验标准和方法、结算方式、合同使用的文字及其效力等条款。"案例中，家具的款式、颜色、质量和交货期限，对即将举办婚礼的买受人门小姐而言，无疑是至关重要的。《民法典》第六百零一条规定："出卖人应当按照约定的时间交付标的物。约定交付期限的，出卖人可以在该交付期限内的任何时间交付。"该条规定了出卖人的交付义务，即按照约定的期限向买受人交付标的物。买卖合同中有约定具体的交付日期的，应当按照约定的日期交付；没有约定具体日期而约定了交付期限的，出卖人可以在该交付期限内的任何时间交付。不履行或者不正确履行交付义务的，须承担违约责任。

《民法典》第六百一十条规定："因标的物不符合质量要求，致使不能实现合同目的的，买受人可以拒绝接受标的物或者解除合同。买受人拒绝接受标的物或者解除合同的，标的物毁损、灭失的风险由出卖人承担。"如果家具店交付的家具质量不符合约定标准，买受人门小姐有权依据上述规定，拒绝收货并主张解除合同，相关家具毁损、灭失的风险由出卖人家具店承担。

消费者异地购买家具的情况并不少见，然而遇上不守信用的商家，消费者总会陷入维权困境。提醒消费者，在订立合同时尽量细化合同条款，建议与商家严格约定质量、款式、颜色和交货时间等条款，同时约定违约责任和迟延交付的赔偿责任，在商家逾期发货达到一定程度（如多少天）后，消费者有权单方面解除合同，并有权要求商家赔偿损失等。

买新车回乡结婚，不料半路爆缸耽误婚礼

买卖合同·消费者权益·违约责任

【故事】

杨小姐花费 178800 元全款在 4S 店买车，上牌后就出发回老家过年。杨小姐原本打算在年前与未婚夫领结婚证，正月初七举办婚礼。杨小姐驾车行驶到厦蓉高速某路段时，突然听到爆炸声，靠边停车之后发现，车底盘漏出了不明液体。突发故障后，杨小姐立马联系了 4S 店的工作人员。4S 店工作人员让她联系保险公司，而保险公司工作人员说这个问题跟他们无关。经过了差不多 10 个小时的等待，4S 店工作人员才同意帮她拖车。

"高速惊魂"让杨小姐吓得不轻，随后将车拖去 4S 店指定的店检修，结果鉴定为"该车缸体炸裂"，她又连夜把车拖回买车的 4S 店检修。因为不放心 4S 店进一步拆检车辆，杨小姐并没有按原定的计划回到家乡过年，而是"住"在了故障车上，24 小时不离车，并因此取消了结婚摆酒。她觉得 4S 店需要对她这一连串的损失作出赔偿，就提出了 20 万元的赔偿额。杨小姐称包括拖车费、因临时取消举办婚礼而造成的浪费等，现在总共损失 10 多万元了，还没有加上误工费。4S 店工作人员表示，按"三包"法规定已进行退车、退款处理，并且愿意就相关的拖车费、住宿费、交通费等费用进一步协商沟通。杨小姐主张的赔偿到底是否合理呢？

【故事评析】

本案是机动车买卖合同纠纷。

《民法典》第五百九十五条规定："买卖合同是出卖人转移标的物的所有权

于买受人，买受人支付价款的合同"。第六百一十条规定："因标的物不符合质量要求，致使不能实现合同目的的，买受人可以拒绝接受标的物或者解除合同。买受人拒绝接受标的物或者解除合同的，标的物毁损、灭失的风险由出卖人承担。"本案中，杨小姐购买的车辆爆缸，属于严重的质量问题，杨小姐根本无法使用车辆，不能实现合同的目的，可以要求4S店退车退款，这是毋庸置疑的。假如杨小姐与4S店关于车辆爆缸后的质量问题存在争议，也可适用《民法典》相关规定。《民法典》第六百一十六条规定："当事人对标的物的质量要求没有约定或者约定不明确，依据本法第五百一十条的规定仍不能确定的，适用本法第五百一十一条第一项的规定。"第五百一十条规定："合同生效后，当事人就质量、价款或者报酬、履行地点等内容没有约定或者约定不明确的，可以协议补充；不能达成补充协议的，按照合同相关条款或者交易习惯确定。"

关于杨小姐主张的赔偿问题，则需要分两部分分析。《民法典》第一百八十六条的规定："因当事人一方的违约行为，损害对方人身权益、财产权益的，受损害方有权选择请求其承担违约责任或者侵权责任。"第五百六十六条第二款规定："合同因违约解除的，解除权人可以请求违约方承担违约责任，但是当事人另有约定的除外。"第五百七十七条的规定："当事人一方不履行合同义务或者履行合同义务不符合约定的，应当承担继续履行、采取补救措施或者赔偿损失等违约责任。"第五百七十八条的规定："当事人一方明确表示或者以自己的行为表明不履行合同义务的，对方可以在履行期限届满前请求其承担违约责任。"第五百八十三条的规定："当事人一方不履行合同义务或者履行合同义务不符合约定的，在履行义务或者采取补救措施后，对方还有其他损失的，应当赔偿损失。"根据上述法律规定，杨小姐在与4S店解除合同，退车退款后，还可以向4S店要求赔偿损失，这些损失包括但不限于拖车费、住宿费、交通费等因为汽车爆缸直接造成的损失，也包括购车后可以获得的一些预期利益。但是《民法典》第五百八十四条规定："当事人一方不履行合同义务或者履行合同义务不符合约定，造成对方损失的，损失赔偿额应当相当于因违约所造成的损失，包括合同履行后可以获得的利益；但是，不得超过违约一方订立合同时预见到或者应当预见到的因违约可能造成的损失。"杨小姐主张的筹备婚礼花费等因为未办成婚礼而造成的损失，属于4S店在订立合同的时候不能预见的损失，不属于4S店应当赔偿的范围。

你停业停课凭什么扣我违约金?

格式条款·不可抗力·情势变更

【故事】

有位家长在某知名早教机构买了价值8000元的课程。后来因为疫情影响,早教班开不下去了,要停业停课,还要扣除这位家长1000元的违约金。家长与早教机构签订的合同上有这样的条款:如因不可抗力,如战争、自然灾害、停电等原因而难以正常开课的,造成早教课中止,或会员学习不能再继续,致使会员遭受损失的,会员家长可依据第六部分规定申请退款。

公司第六部分的规定中只有一个会员责任退款,就是要扣除已产生的单元费用、赠品费用以及总订购课时费用12%的违约金后退回剩余金额。那么,这个条款是否属于"霸王条款"?

【故事评析】

本案系教育服务合同纠纷。

根据《民法典》第五百六十三条第一款第一项的规定,因不可抗力致使不能实现合同目的,当事人可以解除合同。第五百九十条规定:"当事人一方因不可抗力不能履行合同的,根据不可抗力的影响,部分或者全部免除责任,但是法律另有规定的除外。因不可抗力不能履行合同的,应当及时通知对方,以减轻可能给对方造成的损失,并应当在合理期限内提供证明。当事人迟延履行后发生不可抗力的,不免除其违约责任。"根据《民法典》的上述规定,因不可抗力不能履行民事义务的,当事人可以解除合同,一般不承担民事责任。如果该早教机构确系因不可抗力无法履行合同,其可以援引法律关于不可抗力免责的规定,解除与家长订立的合同。

案涉合同中规定家长支付违约金的条款是不是"霸王条款"呢？

我们通常所说的"霸王条款"不是法律概念。《民法典》第四百九十六条规定："格式条款是当事人为了重复使用而预先拟定，并在订立合同时未与对方协商的条款。采用格式条款订立合同的，提供格式条款的一方应当遵循公平原则确定当事人之间的权利和义务，并采取合理的方式提示对方注意免除或者减轻其责任等与对方有重大利害关系的条款，按照对方的要求，对该条款予以说明。提供格式条款的一方未履行提示或者说明义务，致使对方没有注意或者理解与其有重大利害关系的条款的，对方可以主张该条款不成为合同的内容。"第四百九十七条规定："有下列情形之一的，该格式条款无效：……（二）提供格式条款一方不合理地免除或者减轻其责任、加重对方责任、限制对方主要权利；……"

《消费者权益保护法》中也有类似条款。《消费者权益保护法》第二十六条规定："经营者在经营活动中使用格式条款的，应当以显著方式提请消费者注意商品或者服务的数量和质量、价款或者费用、履行期限和方式、安全注意事项和风险警示、售后服务、民事责任等与消费者有重大利害关系的内容，并按照消费者的要求予以说明。经营者不得以格式条款、通知、声明、店堂告示等方式，作出排除或者限制消费者权利、减轻或者免除经营者责任、加重消费者责任等对消费者不公平、不合理的规定，不得利用格式条款并借助技术手段强制交易。格式条款、通知、声明、店堂告示等含有前款所列内容的，其内容无效。"

本案中所说的"霸王条款"就是上面所述的"格式条款"的一种。它是由一方为了便于重复使用单方制定的，而且没有和合同的相对方协商一致的条款。格式条款如果排除了提供条款一方的主要责任，增加了接受条款一方义务的，就可以叫作"霸王条款"。提供格式条款一方不合理地免除或者减轻其责任、加重对方责任、限制对方主要权利的，以及提供格式条款一方排除对方主要权利的，该条款无效。《民法典》第四百九十八条规定："对格式条款的理解发生争议的，应当按照通常理解予以解释。对格式条款有两种以上解释的，应当作出不利于提供格式条款一方的解释。格式条款和非格式条款不一致的，应当采用非格式条款。"可见，当合同双方对这种条款有争议的时候，应当作出对提供条款一方不利的解释，通常不会按照提供条款的一方的说法来执行。

　　至于早教机构提出的受疫情影响停业这个因素，从司法实践中处理类似案例的情形来看，导致合同不能够履行或者不能够完全履行的，可以作为不可归责于双方当事人的原因，这属于不可抗力。也就是说，这个原因既不能归责于原告，也不能归责于被告，既不可归责于甲方，也不可归责于乙方。当事人可以解除合同，不承担民事责任。本案中，如果确实是因为疫情原因导致早教机构经营不下去了，服务合同不能继续履行，早教机构不能因此获得额外的利益，其收取了家长的培训费，应当承担退回已收取的费用并支付占有资金期间利息的责任。

签了八年合同投了八百万元，刚要投产却让搬离

租赁合同·转租·欺诈

【故事】

宋先生的工厂准备正式投产了，前期一共投了 800 万元，但村里突然通知说土地到期，让他措手不及。和宋先生一样，有二十几位投资者都向某企业承租了场地做家具建材生意，刚签订了 5 年到 8 年的合约，交付押金一万元到三十几万元不等，现在都被要求搬离了。

原来，场地的实际产权是归村集体所有，某企业是租地使用再转租出去的。根据村委会提供的合同，某企业和他们签订的合同租期快到了，他们此前也贴出了一份律师函，目的是提醒各位租户土地即将到期，不要再继续和那家企业签订租赁合同。而某企业负责人说，从来就没有向租户隐瞒，还表示会再次去沟通续租的问题。租户们现在是"两头不到岸"，该企业能赔偿他们的损失吗？

【故事评析】

本案属于租赁合同纠纷。

《民法典》第七百一十六条第一款规定："承租人经出租人同意，可以将租赁物转租给第三人。承租人转租的，承租人与出租人之间的租赁合同继续有效；第三人造成租赁物损失的，承租人应当赔偿损失。"第七百一十七条规定："承租人经出租人同意将租赁物转租给第三人，转租期限超过承租人剩余租赁期限的，超过部分的约定对出租人不具有法律约束力，但是出租人与承租人另有约定的除外。"承租人转租给第三人需要取得出租人的同意，并且承租人转租给宋先生时应当如实告知土地租赁情况，不得隐瞒原租约即将到期的真实情况，以

致导致宋先生等其他投资者造成损失。承租人未经出租人同意转租的，出租人可以解除合同。

本案中，转租企业的行为涉嫌欺诈，民法中的欺诈一般为主观上故意欺骗他人，使对方当事人在错误的认识判断下作出错误意思表示的民事法律行为。欺诈构成具有四个要件：一是行为人具有欺诈的故意；二是欺诈人具有欺诈行为，欺诈行为可以理解为虚构事实或故意隐瞒真实情况；三是受欺诈人因欺诈行为作出错误判断，欺诈行为与错误判断之间存在因果关系；四是受欺诈人基于错误判断作出错误的意思表示。《民法典》第一百四十八条规定："一方以欺诈手段，使对方在违背真实意思的情况下实施的民事法律行为，受欺诈方有权请求人民法院或者仲裁机构予以撤销。"

根据以上规定，宋先生等投资人可经法律程序，向转租企业提起仲裁或诉讼，维护自身正当合法权益。宋先生等投资人可向转租的企业主张退还租赁合同租金、押金并要求赔偿损失。某企业作为转租方，在明知道土地租约即将到期的情况下，负有明确如实告知的义务，对于现在这种情况，该公司不仅要退还押金，还应该给相应租户一定的补偿。转租方明知自己的剩余租约期限没有那么长，还进行转租，此时转租方签约的时候主观上具有恶意，而且隐瞒了与租户有切身重大利益关系的事实，其对此要承担相应的法律责任。另外，转租企业收取了几百万元的押金，其对此负有返还的义务。如果故意隐瞒了自己只有不到一年的租期却对外签约转租五年到八年，那么这种情况下转租企业需要赔偿租户因租约到期而导致的损失。

诚实守信是商事主体应遵守的基本规则，人失去诚信则失去立足之本，社会失去诚信则社会道德沦丧。《民法典》第七条规定："民事主体从事民事活动，应当遵循诚信原则，秉持诚实，恪守承诺。"诚信原则，是《民法典》的重要立法原则，《民法典》保护诚实守信的民事主体，维护社会公平正义，捍卫社会共同的价值观。

另外，提醒广大投资者，在做大额投资之前，需要谨慎对待，特别是要了解清楚自己租赁的经营场地的基本情况，在签约前，要去相关部门了解相关政策，进行实地考察并向当地询问标的物，必要时可聘请专业律师做尽职调查。了解详细情况后再进行投资，保障自身投资安全，以免陷入法律风险中。

商家虚标折扣忽悠消费者怎么办？

买卖合同·消费者权益·格式条款

【故事】

每到换季时，服装店纷纷降价促销，低折扣也吸引了不少市民前去淘货。"被1折吸引过去了，但店内没有1折商品。"街坊李小姐近段时间逛某大型商场服装专柜时，看到墙上贴着"低至1折"的字样，但多次到店发现店内出售的只有"2折""3折"的衣服。

广告牌很显眼，但连续几天都看不到1折商品。咨询售卖区工作人员，得到的答复是"没有1折的，最低也要2折"。李小姐提出试穿一件挂在店内的单衣，但工作人员提醒特价商品"不设试穿"。

李小姐质疑商家虚标折扣吸引消费者。而且，专柜工作人员的提示在李小姐看来也有点"苛刻"，如"不设试穿""特价商品不予退换"。那么，商家这样虚标低折扣忽悠消费者的做法合理吗？消费者是否只能被动地接受这样的条款呢？

【故事评析】

本案是买卖合同纠纷，主要涉及格式条款的法律效力和消费者权益保护问题。

《民法典》第五百九十五条规定："买卖合同是出卖人转移标的物的所有权于买受人，买受人支付价款的合同。"《消费者权益保护法》第二十条第一款规定："经营者向消费者提供有关商品或者服务的质量、性能、用途、有效期限等信息，应当真实、全面，不得作虚假或者引人误解的宣传。"第四十五条第一款规定："消费者因经营者利用虚假广告或者其他虚假宣传方式提供商品或者服务,其合法权益受到损害的,可以向经营者要求赔偿。广告经营者、发布者发布虚假广告的,消费者可以请求行政主管部门予以惩处。广告经营者、发布者不能提供经营者的真实名称、地址和有效联系方式的,应当承担赔偿责任。"根据以上法律规定,案例中商家虚标低折扣忽悠消费者的行为,已涉嫌虚假宣传。如果商家的该虚假宣传行为损害消费者合法权益,除应向消费者承担损害赔偿责任外,还可能被行政主管部门根据情节单处或者并处警告、没收违法所得、处以违法所得一倍以上十倍以下的罚款,没有违法所得的,处以五十万元以下的罚款;情节严重的,责令停业整顿、吊销营业执照。

那么,消费者面对案例中商家单方设置的"不设试穿""特价商品不予退换"的规定,又该如何维权呢?

根据《民法典》第四百九十六条之规定,商家单方设置的这些未与消费者协商的条款,是格式条款。《消费者权益保护法》第二十六条第二款、第三款规定:"经营者不得以格式条款、通知、声明、店堂告示等方式,作出排除或者限制消费者权利、减轻或者免除经营者责任、加重消费者责任等对消费者不公平、不合理的规定,不得利用格式条款并借助技术手段强制交易。格式条款、通知、声明、店堂告示等含有前款所列内容的,其内容无效。"根据上述法律规定,本案中"不设试穿""特价商品不予退换"是无效的格式条款。经营者不可因"特价产品不可退货"而拒负"三包"的责任。但是,要特别注意的是,如果是尺码不合适等情况,则不属于质量问题范畴,消费者需要更换码数,最好的办法还是与商家协商解决。在这里同时提醒消费者,在实体店购买衣服,一定要看清衣服的价格、质量、产地,索要发票等购物凭证,以备退换货时使用。应先试后买,理性消费,不盲目消费,不从众消费,才能避免落入商家的"圈套"。

退货后不退款，自然人之间交易要小心

买卖合同·违约责任·消费者权益

【故事】

陈女士通过微信转账交易，从卖家李先生那购得一台投影仪，后期因不合适退货，但卖家却以各种理由推托退款。陈女士是通过朋友介绍联系上这位卖家的，聊天记录显示，卖家李先生表示，陈女士所购的投影仪市场价在3000元左右，而他这边只需要1750元，因此，在与卖家口头明确商品只要包装盒无损坏即可退货退款后，也靠着有朋友的背书，陈女士便通过微信转账付了全款。收到货后，陈女士发现投影仪的焦距不合适，和卖家商量后便邮寄返还商品。然而，此后卖家却开始频繁玩消失。

据聊天记录显示，卖家只以"在走程序""和工厂沟通"等理由回应，陈女士表示也联系了快递公司，被告知货已经送达，且并不存在退回去的货损坏或者包装盒破损的问题。陈女士当即向消委会反映，但被告知这种属于个人之间的私人交易，并不适用《消费者权益保护法》来调整和规范，即并不属于消委会受理的范畴。那么，陈女士该如何维权呢？

【故事评析】

随着电商平台的发展，越来越多的人热衷于网购，除淘宝、京东、拼多多等平台外，闲鱼、微信凭借其价格便宜的优势，也成为很多人的选择。《消费者权益保护法》主要调整的是消费者和经营者之间的关系，而在闲鱼、微信上进行的交易属于个人之间的交易，个人并不是经营者，因此个人交易不属于消委

会的监管范围,不受《消费者权益保护法》调整,但这并不意味着个人交易不受法律约束,消费者如果在个人交易中发现商品存在瑕疵、与约定不符等情况,可以依据《民法典》相关规定进行维权。

《民法典》第五百七十七条规定:"当事人一方不履行合同义务或者履行合同义务不符合约定的,应当承担继续履行、采取补救措施或者赔偿损失等违约责任。"第五百六十三条规定:"有下列情形之一的,当事人可以解除合同:(一)因不可抗力致使不能实现合同目的;(二)在履行期限届满前,当事人一方明确表示或者以自己的行为表明不履行主要债务;(三)当事人一方迟延履行主要债务,经催告后在合理期限内仍未履行;(四)当事人一方迟延履行债务或者有其他违约行为致使不能实现合同目的;(五)法律规定的其他情形。以持续履行的债务为内容的不定期合同,当事人可以随时解除合同,但是应当在合理期限之前通知对方。"

根据上述法律规定,消费者在进行网购前,应当提高网络消费安全意识,提前了解卖家是否具备经营者的资质,是否属于个人卖家,尽量选择经营规模较大、信誉等级较高、口碑较好、交易量大、消费者评价较高的电商平台。特别提醒,为了保障自身合法权益,消费者在交易过程中可以留意以下几点:第一,消费者可以在首次购物时要求经营者提供身份证照片及微信支付管理页面中实名认证中心显示的信息截屏,经比对验证的身份信息可有效降低经营者主体不明的风险。第二,消费者应当妥善保存与经营者的聊天记录,避免误删,另外买家在与微信经营者沟通时尽量通过文字约定交易细节,微信语音不利于证据使用。第三,消费者与经营者自行约定售后条款,如7天无理由退换货、假货赔偿条款、逾期发货违约金,等等。只要上述约定不违反法律规定,并在聊天记录中能够清晰展现,就有可能被法院作为买卖双方的约定予以确认,从而有力地保障消费者的权益。

针对当前《消费者权益保护法》并不适用于个人交易范畴的情况,随着越来越多的交易行为发生在自然人和自然人之间,将以自然人名义从事的经营行为纳入《消费者权益保护法》调整的范围内是必要的。此外,应当促进其他法律的完善,严格规范自然人的经营行为,从而加大对买方的权益保障。同时,随着平台电商化的发展，未来以平台为载体展开的交易将越来越普遍，平台方应该对其平台的商家进行监督，而法律规定中亦应该增加平台的法律责任，从源头治理交易乱象。

退货退丢了，物流公司不赔怎么办？

货物运输合同·违约责任·损害赔偿

【故事】

温先生花了 2098 元网购了一张儿童高低床。到货后温先生发现床有刺鼻气味。他使用甲醛测试仪进行测试，发现该儿童床的甲醛含量为 0.2mg/m³，已超出国家强制标准 0.08mg/m³，属于有质量问题的产品。随后温先生发起退货退款的售后申请。因商家退货需要使用指定的物流公司，温先生便找了附近的物流网点，委托其将儿童床邮寄到江苏徐州。据物流单据显示，儿童床的托运费为 234 元，保价费用为 2000 元。

但是，床寄出一两天后还有物流信息，之后就查不到床寄到哪了，导致售后超期，售后通道关闭，没法退货退款。温先生多次联系物流公司客服，对方回复延迟送货是因为疫情。温先生损失货款和运费合计 2332 元。随后，他多次与物流公司协商赔偿，均无果。后来，温先生拨打 12345 热线投诉后，政府相关部门介入调解，物流公司网点负责人当天赔付给温先生 1000 元，但剩余的损失款却又没有了下文。温先生剩余的损失款还能挽回吗？寄丢了的商品究竟该找谁来赔偿？

【故事评析】

本案中，温先生与物流公司构成了货物运输合同法律关系，而物流公司对温先生造成的损失包括货物灭失的损失和因货物灭失无法享受商家所提供的售后服务的损失。那么，这种把货物寄丢了的情形究竟找谁来赔偿？《民法典》

第八百三十二条规定:"承运人对运输过程中货物的毁损、灭失承担赔偿责任。但是,承运人证明货物的毁损、灭失是因不可抗力、货物本身的自然性质或者合理损耗以及托运人、收货人的过错造成的,不承担赔偿责任。"一般来说,对于运输过程中货物灭失的损失都应该由物流公司承担,除非物流公司能够举证证明有不可抗力、货物本身的自然性质或者合理损耗以及托运人或收货人的过错的情形存在,其中不可抗力指的是无法预见、无法避免、无法克服的客观情况,如自然灾害、战争等情况。货物本身的自然性质或者合理损耗,主要是指因货物自身的物理属性和化学属性导致的损耗,如货物具有容易挥发的性质,在运输过程中难免会因正常挥发造成一定的损失,这是合理的。托运人、收货人的过错则主要指托运人对货物包装不当或者收货人收到通知后逾期收货,从而导致货物损失的情况。

在日常生活中,消费者网购了价值较高或体积和面积较大的货物,在退换货时往往会遇到因为运输环节出差错,导致消费者不能在规定期限内将货物退回给商家的情况,这就导致消费者的退货权利受到影响,甚至有些消费者直接丧失了退货权利。因此,消费者退换货时,一方面要选择商业信誉较好、服务效率较高的物流公司;另一方面要对托运货物进行保价,包括对货物毁损、灭失的损失和消费者不能享受退货权利的损失进行保价保值,以此促使物流公司积极履行义务,高效完成运输任务。

特别提醒,消费者要注意识别某些网购商家平台指定物流公司的行为,有可能存在消费陷阱。在实践中,某些商家平台会和物流公司恶意串通来损害消费者的权利,规避退货规则,比如说消费者托运的货物当时购买的价格是2000元,如果货物退给商家,意味着商家要将2000元全部退回给消费者,但如果通过物流,故意对托运的货物采用毁损、灭失赔偿的方式,那商家可能只需要赔偿1000元,实际上帮助了商家。本案中温先生就在托运时对货物进行了保价,在货物丢失后,物流公司应当按照保价额2000元进行赔偿,剩余未赔偿的1000元,温先生有权要求物流公司赔偿。如果消费者没有保价而货物被物流损毁丢失的,根据《民法典》第八百三十三条的规定:"货物的毁损、灭失的赔偿额,当事人有约定的,按照其约定;没有约定或者约定不明确,依据本法

第五百一十条的规定仍不能确定的，按照交付或者应当交付时货物到达地的市场价格计算。法律、行政法规对赔偿额的计算方法和赔偿限额另有规定的，依照其规定。"也就是说，消费者同样可以先和物流公司协商约定赔偿金额，或者按照货物的实际价值进行索赔。

主动为别人家的猫疗伤，能要求猫主人偿还医药费吗？

无因管理·无因管理之债·受益人

【故事】

有一个街坊是开店的，养了一只猫，猫天天在外面晃悠，身上受了点伤，被一个爱心人士看到，误以为这只猫被主人遗弃了，就抱走花了几百块钱给猫治病。后来猫主人找上门来想要回猫，这位爱心人士要求猫主人把给猫看病的钱还给他，他才还猫。猫主人很委屈，说："这不过就是只家猫，平时都是散养的，被你强行抱走了，我没有要求你给猫治病，因为我已经在给猫治病了，也花了好几百元。你现在强行给猫治病，也说花了几百元，等于是多治疗了一遍，还让我给你钱，这是不是属于道德绑架呀？这是不是强行献爱心呀？"

那么，这位爱心人士提出的还钱要求合理吗？猫主人应不应该给这笔钱？

【故事评析】

我们生活中所有的问题在法律条文当中几乎都能找到答案。在《民法典》当中，爱心人士的这种行为叫作无因管理，是指在法律上没有法定的或者约定的义务，但是为了避免他人的利益受到损失，自愿管理他人事务，或者为他人提供服务的行为。无因管理行为本来是不需要支付报酬的，但是如果管理人因此付出了成本或者代价，那这个成本或者代价就应该由受益人来承担。

《民法典》第一百二十一条规定："没有法定的或者约定的义务，为避免他人利益受损失而进行管理的人，有权请求受益人偿还由此支出的必要费用。"无因管理发生后，管理人与受益人之间便形成了债权债务的关系，管理人享有请求受益人偿还因管理事务而支出的必要费用的债权，受益人负有偿还该项费用的债务。这个案例当中，这位爱心人士对"流浪猫"进行了救治，而且因为救治支出了一定的费用。因发生无因管理的事实，导致这位爱心人士和猫主人之间已经形成了一种无因管理之债。那么这个债应该由谁来偿还呢？应该由作为受益人的猫主人来偿还。

然而猫主人说，我没有叫你管理，我也没有让你去救治，我已经在给猫治病了，然后你现在要求我支付费用，这就是道德绑架。猫主人对这种行为不理解，但是法律上就是这样规定的。猫主人是否理解、是否需要他人管理，法律在所不问，意思就是法律不考虑这个前提，因为无因管理属于社会善良行为。无因管理之债设置的目的，就是使那些做好事的人、替别人操心的人应该得到好的回报，同时鼓励人们多做好事，互帮互助，有利于弘扬社会主义核心价值观。至于受益人说我没叫你去管理，是你自愿管理的，以这个理由抗辩是不行的，是违反法律规定的。《民法典》第九百七十九条规定："管理人没有法定的或者约定的义务，为避免他人利益受损失而管理他人事务的，可以请求受益人偿还因管理事务而支出的必要费用；管理人因管理事务受到损失的，可以请求受益人给予适当补偿。管理事务不符合受益人真实意思的，管理人不享有前款规定的权利；但是，受益人的真实意思违反法律或者违背公序良俗的除外。"第九百八十条规定："管理人管理事务不属于前条规定的情形，但是受益人享有管理利益的，受益人应当在其获得的利益范围内向管理人承担前条第一款规定的义务。"依照一般人的社会观念，对生病的猫进行治疗是符合管理他人事务的真实意思表示的，即使与猫主人的实际意愿不同，管理人仍享有请求猫主人偿还治疗费用的权利。退一步讲，即使管理人的管理行为不符合猫主人的意愿，但从结果上看，猫主人从管理人的管理行为中获得了的管理利益，依法应当在其获得的利益范围内向管理人承担支付必要费用的义务。

为争生意,竟围攻驱赶其他代驾?

服务合同·消费者权益·侵权责任

【故事】

现在不少爱喝酒的人都喜欢代驾服务,既安全也不用担心查酒驾,所以就衍生出不少代驾企业和代驾平台,"×师傅"代驾就是其中之一。不过最近不少"×师傅"代驾司机都吐槽说,他们遭到了其他平台代驾司机的排挤和驱赶。因为晚上11点到凌晨为高峰期,代驾起步价都会比普通时段高,但"×师傅"代驾的起步价不分时段,一直维持在18元,所以其他平台的司机很有意见,认为是在低价抢单,经常围攻甚至谩骂他们,甚至"下黑单",让他们的钱包很受伤。"×师傅"代驾的平台负责人表示,他们也多次尝试报警,但是效果并不明显,警察一来他们就走了,警察走了,他们又一起围过来。

那么问题来了,"围攻、辱骂、下黑单"等行为是否已经触碰到了法律的红线,"×师傅"代驾是否可以采取诉讼的方式追究其他平台的责任?

【故事评析】

本案涉及信息服务合同、消费者权益保护、委托合同和商业竞争。

代驾是乘客通过手机软件向平台下达代驾订单,代驾平台通过系统分配或司机抢单的方式派单,司机按照乘客的要求,驾驶乘客的车辆将其运送至指定地点。乘客与代驾平台之间形成信息服务合同关系,代驾司机与代驾平台之间亦建立了信息服务合同关系。代驾司机和乘客之间则形成委托合同关系。

《民法典》第九百一十九条规定:"委托合同是委托人和受托人约定,由受托人处理委托人事务的合同。"根据上述法律规定，代驾司机作为受托人，按照乘客的指示，代为处理驾驶机动车事务，乘客向代驾司机支付报酬。

由于代驾平台多种多样，在热门饭店、商场和酒店等地方有大量的代驾司机等待接单，不同平台间因商业竞争抢占市场、打价格战、优惠战等因素造成代驾行业竞争激烈，消费者可以比较选择合适的代驾平台和代驾司机，但平台和代驾司机不能侵犯消费者对平台方和司机方的选择权。《消费者权益保护法》第九条第一款、第二款规定："消费者享有自主选择商品或者服务的权利。消费者有权自主选择提供商品或者服务的经营者，自主选择商品品种或者服务方式，自主决定购买或者不购买任何一种商品、接受或者不接受任何一项服务。"

本案中，其他平台代驾司机的行为明显排斥了同业竞争，侵犯了消费者对代驾服务的选择权。如果放任平台司机采取辱骂、围攻等方法排除竞争对手，会导致一家独大，最终损害的还是市场和消费者的利益，但如果代驾公司没有授意这些司机的上述行为，则很难认定代驾公司平台需对司机的上述行为负责。从当事人陈述的案件事实来看，很可能为司机群体的自发行为。假如平台公司采取了排挤或者攻击竞争对手的行为，平台公司要承担相关的法律责任。建议受到威胁的代驾司机向市场监管部门投诉，由市场监管部门根据相关政策法规，加强监管和执法力度，维护市场秩序良好运行。避免出现劣币淘汰良币的情况，规范代驾行业健康发展。乘客也可以致电12315向消费者保护组织反映，或向相关代驾平台投诉，维护消费者的消费选择权。

受围攻、辱骂或排挤的代驾司机，首先可以向自身所属的代驾平台反映，由代驾平台出面协商解决。代驾司机和代驾平台认为其他同行具有欺行霸市行为的，可以向市场监管部门反映情况，认为构成涉黑涉恶的可以向公安机关报案。代驾司机围攻辱骂他人、暴力排挤同行行为情节严重的，可能会构成强迫交易罪、非法经营罪和寻衅滋事罪。代驾司机需要遵纪守法，自觉维护市场秩序，平台方要引导代驾司机良性竞争，将优质的服务带给消费者。

想"捡漏",赊账 1300 万元买了 200 多件"古董"

买卖合同·欺诈·撤销权

【故事】

黄先生喜欢收藏,几年间他先后几次从一家古董店买下 200 多件"古董",欠下古董店 1300 多万元的债务。他的第一批"古董"总价为 61.5 万元,当时他手头只有 7 万多元现金,便向父亲、同事借了 54 万元才凑齐。此后,他又在那家店购买了 13 批"古董",但购买这些"古董"时并没有付现金,老板让他在送货清单上签名就可以了。后来,老板让他将以往所欠下的货款以欠条的形式书面确认,并签名摁下指印确认。黄先生一共写下三张欠条,金额分别为 850.5 万元、190 万元以及 260 万元。

黄先生其实没有基本的文物鉴定知识,认识了一个姓潘的朋友,潘某就说古董可以赚钱,并带黄先生去其家中欣赏各式各样的古董,还出示了古董的成交单据,都是上百万元的真品。此后潘某又带黄先生去那家古董店,每次在古董店购买古玩时,黄先生都会带上潘某,只有等潘某点头,他才会放心买下。现在他觉得一切都是个骗局,自己之所以一口气买下了那么多古董,就是因为潘某一直在给他"洗脑"。古董店老板已将黄先生起诉至法院让他还钱,黄先生的家人也已经向警方报了案,还聘请律师提出了反诉,要求对方返还 61.5 万元,并退回全部的货物。一旦在古董市场买到了假货该怎么办?黄先生欠下的这 1300 多万元的债务真的要偿还吗?

【故事评析】

本案是买卖合同纠纷。

《民法典》第一百四十八条规定:"一方以欺诈手段,使对方在违背真实意思的情况下实施的民事法律行为,受欺诈方有权请求人民法院或者仲裁机构予以撤销。"第一百四十九条规定:"第三人实施欺诈行为,使一方在违背真实意思的情况下实施的民事法律行为,对方知道或者应当知道该欺诈行为的,受欺诈方有权请求人民法院或者仲裁机构予以撤销。"

本案中,黄先生缺乏基本的文物鉴定知识,因潘某的欺诈行为,导致其陷入自己买到了真古董的错误认知,并实施了购买这一民事法律行为。但因潘某并非实际交易的双方之一,因此,本案符合《民法典》第一百四十九条关于第三人欺诈的民事法律行为的效力规定。该规定中的第三人,一般是指民事法律行为的双方当事人之外、与一方存在某种关系的特定人。当事人双方以外的第三人实施欺诈行为,可以是为了促成双方交易,也可以是为了实现自己的目的,但无论是哪种目的,欺诈的行为仍旧对受欺诈人的利益造成了损害,因此,《民法典》对此作了规定。

但需要注意的是,第三人实施欺诈行为,只有在受欺诈人的相对方,也就是未被欺诈的一方非属于善意时,受欺诈人才能行使撤销权。相对方的这种非善意表现为,对于第三人的欺诈行为,其知道或者应当知道。比如,在本案中,假设古董店老板对潘某欺诈黄先生的行为并不知情,而是单纯地认为黄先生愿意购买自己的古董,此时法律将会优先保护善意相对人即店老板的权利,黄先生将无法行使撤销权。

《艺术品经营管理办法》第九条规定:"艺术品经营单位应当遵守如下规定:(一)对所经营的艺术品应当标明作者、年代、尺寸、材料、保存状况和销售价格等信息。(二)保留有关交易的原始凭证、销售合同……"第十条规定:"艺术品经营单位应买受人要求,应当对买受人购买的艺术品进行尽职调查,提供以下证明材料之一:(一)……(二)第三方鉴定评估机构出具的证明文件;(三)其他能够证明或者追溯艺术品来源的证明文件。"《艺术品经营管理办法》的上述规定对买家来说十分有利。买家因此对古董成分、年代、作者、价格等就有了知情权,卖家有义务告知。这样从根源上减少了古董交易活动中的欺诈行为。

回到本案的处理。如果当事人因缺乏专业知识，在卖方或第三人的欺诈下作出购买决定，甚至已完成交易行为，买受人可以依照《民法典》关于"一方以欺诈手段，使对方在违背真实意思的情况下实施的民事法律行为，受欺诈方有权请求人民法院或者仲裁机构予以撤销"的规定，向有管辖权的法院提起撤销之诉。买卖合同被撤销后，卖方应向买方返还价款。如果黄先生与古董店之间的买卖被撤销，这1300多万元的债务也将不复存在了。

商家发错沙发颜色，同意换货后新沙发却迟迟不发货

买卖合同·合同履行·赔偿损失

【故事】

新居装修完毕，张先生与太太来到一家家具城选购沙发。根据商家的促销宣传，张先生最终以19000余元的价格选定了一款一件三套式的棕色欧式皮制沙发并全额付款，签订了家具订单。夫妻俩满心欢喜地等候心仪的沙发，时隔一个月后收到的货却让他们大跌眼镜。他们当初选定的是棕色，但送来的却是黑色，张先生当即以货不对版为由要求退货。令张先生气愤的是，家具城起初竟否认，称宣传单上的样品沙发颜色与实际或有误差。当张先生向商家展示当初用手机拍下的沙发实际颜色时，商家才承认自己确实"送错了"。

尽管如此，对于退货要求，商家还是予以拒绝，说如果消费者对沙发皮质颜色不满意，只能发回厂家作换货处理。张先生同意换货，换来的却是遥遥无期的等待。商家取回沙发一个多月后，新沙发仍未见踪影。张先生原定在元旦入住新居，可沙发到现在还没到，难道让客厅空着吗？那么，商家这样对待消费者是不是涉嫌侵权？

【故事评析】

本案是买卖合同纠纷。

《民法典》第五百九十五条规定："买卖合同是出卖人转移标的物的所有权于买受人，买受人支付价款的合同"；第五百九十八条规定："出卖人应当履行向买受人交付标的物或者交付提取标的物的单证，并转移标的物所有权的义务。"不管张先生是否与商家签订书面的正式的买卖合同，张先生与商家签下沙发订

单,就意味着双方已建立合法有效的买卖合同法律关系,双方理应履行相应义务,商家应当将承诺的棕色欧式皮制沙发交付给张先生。

商家取回送错的沙发后,新沙发一个多月了都没有交付给张先生,倘若张先生与店家并没有就退换沙发的时间作出约定的话,可以适用《民法典》的相关规定。《民法典》第六百零二条规定:"当事人没有约定标的物的交付期限或者约定不明确的,适用本法第五百一十条、第五百一十一条第四项的规定。"第五百一十条规定:"合同生效后,当事人就质量、价款或者报酬、履行地点等内容没有约定或者约定不明确的,可以协议补充;不能达成补充协议的,按照合同相关条款或者交易习惯确定。"第五百一十一条规定:"当事人就有关合同内容约定不明确,依据前条规定仍不能确定的,适用下列规定:……(四)履行期限不明确的,债务人可以随时履行,债权人也可以随时请求履行,但是应当给对方必要的准备时间……"本案中,张先生可以随时向商家要求将退换的沙发送达指定地点。

《民法典》第五百六十三条第一款规定:"有下列情形之一的,当事人可以解除合同:……(四)当事人一方迟延履行债务或者有其他违约行为致使不能实现合同目的……"本案中,若商家迟迟不予送货,张先生有权通知对方要求解除合同。《民法典》第五百六十六条第二款规定:"合同因违约解除的,解除权人可以请求违约方承担违约责任,但是当事人另有约定的除外。"张先生在解除合同后,还可以根据《民法典》第五百六十六条要求赔偿因为对方违约导致的相应损失。

学舞蹈包就业？"女团梦"该醒了

服务合同·教育培训·消费者权益

【故事】

小婷今年接触到一家舞蹈培训机构开设的分校，宣传单上写着该机构正在招募学员，号称"0首付0压力0基础"，其中一个"合伙人培训班"课程，吸引了她的目光。这个合伙人培训班的学费总共29800元。店长承诺，学成之后可以介绍她去做教练。就在小婷犹豫不决的时候，店长说可以用手机帮小婷在一个平台办分期贷款，第一个月不用还贷款，分期金额在一年内还清就可以了。签了协议后的第二天，小婷自觉无能力还贷，向店长提出解约，但店长明确说必须先交违约金。而同样在这家舞蹈机构花费了17000万元的小周，感觉自己现在是背着贷款帮店长打工。她不仅每天需要发传单拉人头，店长还给了一份"话术单"让她学习。

明明是一家舞蹈培训机构，最后拉人头交钱反而成了主业？店长表示，签分期贷款合同是学员自愿行为，至于能不能学成，要看个人的努力程度。她们确实与分期贷款平台有合作，学成之后拿到的证书也是全国通用的。不过店长承认还没有学员学成毕业，拿到教练资格证书。至于让学员拉人头发展客户，是为了减轻学员的经济压力，学员都是自愿签的贷款协议。现在，不少舞蹈培训机构都推出了类似的营销模式。这里面有没有什么猫腻或者陷阱呢？

【故事评析】

本案属于服务合同纠纷。

本案中，舞蹈培训机构店长的行为涉嫌欺诈，开始用空口承诺诱导小婷认为在完成培训后可以介绍其当教练，当小婷称学费不够时，提出使用某个分期贷款平台借贷，舞蹈培训机构可能与借贷机构暗中有相关的利益牵涉或涉及介绍费提成等，并利用沉重的债务负担迫使小婷等学员为舞蹈培训机构打工"拉人头"，若学员无力还债想解除合同，则要面临高额的违约金，初步具有庞氏骗局①的特征。消费者在选择相关培训机构时，一定要先确认能否中途解除合同并要求退款，课程费用的结算能否按照课时计算。

至于小婷能否主张解除合同并免去相关的违约金。《民法典》第六条规定："民事主体从事民事活动，应当遵循公平原则，合理确定各方的权利和义务。"从小婷签订的这份合同看，对于培训机构出现哪些情形学员可以单方面解除协议，没有明确的界定，这显然是不对等的。除了约定的解除条件以外，还有法定的解除条件，一方当事人出现了法定的违约情形，对方有法定的解除权。消费者在享受商家提供的优惠和服务的同时，需要知晓服务合同中约定的内容，理性消费。若合同约定的违约金过高违反相关法律规定，小婷可以主张约定违约金的条款无效。

培训机构与消费者签订的合同一般为机构先行拟定的合同，属于格式合同。《民法典》第四百九十六条规定："格式条款是当事人为了重复使用而预先拟定，并在订立合同时未与对方协商的条款。采用格式条款订立合同的，提供格式条款的一方应当遵循公平原则确定当事人之间的权利和义务，并采取合理的方式提示对方注意免除或者减轻其责任等与对方有重大利害关系的条款，按照对方的要求，对该条款予以说明。提供格式条款的一方未履行提示或者说明义务，致使对方没有注意或者理解与其有重大利害关系的条款的，对方可以主张该条款不成为合同

---

① 庞氏骗局，是对金融领域投资诈骗的称呼，是金字塔骗局（Pyramid scheme）的始祖。在中国庞氏骗局又称"拆东墙补西墙"或"空手套白狼"。简言之，就是利用新投资人的钱来向老投资者支付利息和短期回报，以制造赚钱的假象，进而骗取更多的投资。很多非法的传销集团就是用这一招聚敛钱财的。

这种骗术是一个名叫查尔斯·庞兹（Charles Ponzi）的投机商人"发明"的。庞兹是一位生活在19—20世纪的意大利裔投机商，1903年移民到美国。1919年他开始策划一个阴谋，骗子们向一个事实上子虚乌有的企业投资，许诺投资者将在3个月内得到40%的利润回报，然后，狡猾的庞兹把新投资者的钱作为快速盈利付给最初投资的人，以诱使更多的人上当。由于前期投资的人回报丰厚，庞兹成功地在7个月内吸引了3万名投资者。这场阴谋持续了一年之久，被利益冲昏头脑的人们才清醒过来，后人称之为"庞氏骗局"。

的内容。"据此规定，小婷也可以主张舞蹈机构提供的格式合同显失公平，对于解除合同方面的约定明显不对等，没有明确界定小婷可以单方解除合同的情形。

  在签订培训服务协议等方面，消费者需要量力而为，对于无经济能力支付培训费用的，切莫向金融借贷平台借贷，因为借贷当然要还，而且需支付相应的利息，消费者需要理性消费，避免因一时冲动而懊悔不已。当消费者认为自身的合法权益受到侵害时，可以致电12315向消费者协会反映，认为商家涉嫌构成诈骗的则可以向公安机关报案。切记，消费需谨慎，借贷有风险。

意向金和订金能不能退？

定金·订金·意向金

【故事】

近日，打算购车的李先生在浏览"××汽车之家"网站时，与该网站销售员联系上了。该名销售员告诉李先生，若要参加车行的优惠促销活动，须先支付300元意向金。虽然李先生觉得奇怪，但在确认意向金可以退还后，他便通过微信转了钱。此后，销售员表示可以先交1000元订金，如果不想要以后可以退回。有了销售员的承诺，李先生就又交了1000元订金，但并没有签订任何购车合同。

后来因个人喜好和异地上牌等问题，李先生在和家人商量后暂时打消了购车念头，并和销售员商量退回共计1300元的意向金和订金。出乎意料的是，销售人员开始找借口拖延退款，后来干脆告诉他钱没办法退。李先生蒙圈了，意向金和订金属于什么范畴，真的没办法退吗？消费者如何规避其中的坑呢？

【故事评析】

定金是指当事人约定的，为保证债权的实现，由一方在履行前预先向对方给付的一定数量的货币或者其他代替物。《民法典》第五百八十六条规定："当事人可以约定一方向对方给付定金作为债权的担保。定金合同自实际交付定金时成立。定金的数额由当事人约定；但是，不得超过主合同标的额的百分之二十，超过部分不产生定金的效力。实际交付的定金数额多于或者少于约定数额的，视为变更约定的定金数额。"第五百八十七条规定："债务人履行债务的，定金应当抵作价款或者收回。给付定金的一方不履行债务或者履行债务不符合约定，致使不能实现合同目的的，无权请求返还定金；收受定金的一方不履行债务或者履行债务不符合约定，致使不能实现合同目的的，应当双倍返还定金。"

在买卖过程中，普遍存在的就是定金合同。定金的金额有高有低，有些中介公司可能收取三五千元的小额定金，但也不乏中介公司收取高额定金，这时定金是有担保性质的。根据《民法典》的规定，定金的数额不得超过主合同标的额的20%，超过这个数额的不具有定金的性质。而订金，虽然在日常经济生活中被广泛运用，但是尚未有明确的法律对其加以规定。严格而言，订金并不是一个法律概念。一般而言，订金的交付应当理解为预付款的交付，其目的不外乎解决收受订金的一方的资金周转短缺，从而增强其履约能力。在买卖过程中，特别是二手房买卖中，订金合同更是常见。在买卖过程中，不仅存在定金和订金，也存在意向金。意向金通常以认购书的形式出现在房屋交易中。意向金是附条件的定金。如果卖方同意买方的购买条件（要约），中介公司将意向金转交给卖方，此时意向金性质就发生变化，自动转化成定金，意向金协议也自动转化为定金协议。

在本案购车消费纠纷中，销售人员的做法侵犯了消费者的合法权益。销售员索要的300元意向金，是典型的价外收费行为。销售员带着消费者看车及介绍产品性能等，属于商家应该提供的无偿服务，不应该在汽车的销售价格以外再收取任何费用。

在日常交易过程中，消费者签订协议时，务必仔细阅读协议内容。在买卖过程中，买卖双方签订的预购协议等制作主体通常是中介公司，作为消费者在签署相关协议前务必仔细阅读协议中的内容，注意文本中所注明的"订金""定金"或"意向金"是否与双方口头沟通过程中所表达的意思相一致；缴纳相关款项时，完善付款方式及备注信息。同时在缴纳"订金""定金"或"意向金"时，尽可能地采取银行转账的方式，并在转账时对款项目的进行明确的备注，尽量避免双方对款项的性质产生歧义。如出现争议时，应当妥善保存必要证据材料（如合同、单据、微信聊天记录等），及时向工商主管部门进行投诉举报，并且可以通过诉讼方式保障自身合法权益。

银行卡被限额，储户问："我的取款自由呢？"

金融服务合同·物权·隐私权

【故事】

一个储户到银行取款时，被告知每天只有1000元的取款额度，这是系统自动设置的。银行工作人员表示，这位储户的账户长期不使用，资金长期不进出，突然进行大额的进出怕被诈骗团伙利用。所以，少用、余额又小的卡就会被调额，一般都是无卡无折类业务和第三方支付，如微信、支付宝等会被限额。银行卡被限额"有很多档次"，每日额度1000元、2000元、3000元的都有，有时还会有200元的限额，但是，带上身份证和银行卡去柜台交易没有限额。

这位储户生气地表示，银行在限制他的卡之前，也没有对他进行通知。"忽然之间就限了，我有取款自由，是吧？银行这种做法是不是干涉存取自由呢？"另外，他在银行大厅要拍视频，但银行方面说他要是拍就不为他提供服务。但储户认为，如果不允许拍的话，出现了纠纷岂不是就缺少了凭据？那么，银行不允许拍视频合不合理呢？

【故事评析】

本案是金融服务合同纠纷。

《民法典》第一百一十四条规定："民事主体依法享有物权。物权是权利人依法对特定的物享有直接支配和排他的权利，包括所有权、用益物权和担保物权。"银行和储户之间实际上是一种平等的民事主体之间的关系，作为储户，他在某一个银行开户之后，将自己指定的金额存入这个银行，双方形成了金融服务合同关系，那么在这种合同下，储户所拥有的资金也就是存入相关银行的资金，它的所有权也就是它的物权仍然是储户所有的。那么根据一般的交易规则来说，储户对自己所拥有的资金享有自由支配的权利，任何人若非经过执法部门，或者是以有关生效的法律文书、执行法律文书作为依据，是不能够任意限制储户对自己所享有的资金的支取和使用的权利的，更不能设定一些不合理的额度。

本案中储户被告知每天只能支取1000元的额度，在实践当中，根据交易的惯例，有些银行或者它的网点所准备的现金毕竟是有限的，如果支取的数额特别大，如几十万元或几百万元，可能需要提前跟银行预约，银行作为履行合同义务的一方，需要有充足的准备期限来履行义务，这也是合理的，但如果储户支取几千元或几万元银行还要进行限制，这显然是不合理的。当然，如果银行是在配合有关部门执法，这种情况下对储户的银行账户实施临时的限额措施，包括冻结措施，则是合法的，因为它这样做有法律上的依据，也就是有执行的法律文书。但在这种情况下，银行有义务向储户告知它所依据的相关法律文书编号以及出具相关法律文书的执法机关，甚至告知储户执法机关在执法过程当中，在银行所预留的执法人员的有关信息和联系方式，这些信息银行都有义务向储户进行披露。

另外，关于储户在银行大厅录像的问题，《民法典》第一千零三十二条规定："自然人享有隐私权。任何组织或者个人不得以刺探、侵扰、泄露、公开等方式侵害他人的隐私权。隐私是自然人的私人生活安宁和不愿为他人知晓的私密空间、私密活动、私密信息。"银行属于公共场所，在公共场所录像是不被禁止的，况且银行也有同步录像，从你进入银行到离开银行，包括办理业务的整个过程，都是全程录像的。从储户的角度来讲，有时为了维护自己的权益，在现场进行录音录像，这是一种正当的行为，况且也不会侵犯任何人的隐私，即使拍到了银行工作人员的相貌特征，也不在侵犯隐私权的范围内，这种做法没有违反法律的强制性规定，应当是被允许的。

现实中，除了银行等金融机构，有一些单位对个人的录音录像行为，乃至对媒体的录音录像行为是非常敏感的，往往采取抵制态度，这其实是一种惯性思维。需要注意的是，既然银行是提供公共服务的，那么公共场所是不存在隐私的。如果遇到强力阻止等特殊情况，比如说对储户有侮辱、诽谤、谩骂的行为，甚至有殴打的行为，涉嫌侵犯储户的人身权，储户可以向有关行政管理部门，包括银保监会或者是某一个网点的上一级分行或者总行进行投诉，责令其改正。通过投诉仍不能解决的，可以向人民法院起诉。

泳池更换承包者，游泳卡还能使用吗？

合同相对性·选任和监督义务·违约责任

【故事】

黄小姐在某小区办了一张 15 次的游泳卡，已使用 11 次，余 4 次未用，办卡时说未用完的次数下一年还可以继续使用。可是黄小姐下一年去时被告知泳池换了承包者，该卡过了使用截止日期不能再使用了。黄小姐认为这个游泳池是由物业管理处管理的，物业管理处有责任处理这个事情，可是物业管理处却表示不管这事，并说之前在小区里发过通知说明了使用截止日期。

可是黄小姐并不是这个小区的业主，当初也没说小区外的人不能进去游泳和办卡，现在物业管理处推说这是承包者的事情而不管，那么黄小姐的权益该如何维护？

【故事评析】

本案属于服务消费合同纠纷。

《民法典》第五百零二条第一款规定："依法成立的合同，自成立时生效，但是法律另有规定或者当事人另有约定的除外。"

要厘清本案责任，主要应注意以下两个要点：

其一，消费者黄女士与泳池的经营者之间订立的服务合同是否有效？

要弄清合同是否有效，必须明确以下问题：一是涉案小区的游泳池是全体业主共有还是物业公司或者其他主体所有？二是如果是全体业主共有，小区的物业公司出租或者发包经营，是否取得了小区业主的授权？三是涉案游泳池是否取得经营性游泳池应当取得的卫生、体育等相关行政许可手续？四是承包经营者是否办理了相关经营手续并合法经营?

如果合同无效,那毫无疑问,泳池的经营者需向黄女士返还其收取的费用,由于无效给消费者造成损失的,泳池的经营者还负有损失赔偿责任;如果合同有效,经营者获得了相关行政许可并具备相应的经营资质,则基于合同的相对性原则,承包者未能按照约定履行提供服务的义务,其行为对黄女士构成违约,依法应承担返还收取的价款,支付违约金或者赔偿损失等违约责任。

其二,消费者黄女士和物业公司具有何种法律关系?

表面上,根据合同的相对性,本案中的服务合同双方是黄女士和泳池的经营者。泳池的管理者是物业公司,物业公司作为发包方将游泳池发包给他人经营,虽然游泳池经营期间的手续办理、日常事务和安全责任等都由经营者负责,但由于游泳项目作为高危险性体育项目的特殊性,物业公司负有对承包合作主体的选任和经营活动的监督责任。因此,物业公司和黄女士之间存在管理和被管理的民事法律关系。如果由于物业公司未完全履行上述选任和监督义务,因此导致消费者损失的,则物业公司对消费者应承担其过错范围内的相应赔偿责任。

另外,《消费者权益保护法》第四十三条规定:"消费者在展销会、租赁柜台购买商品或者接受服务,其合法权益受到损害的,可以向消费者或者服务者要求赔偿。展销会结束或者柜台租赁期满后,也可以向展销会的举办者、柜台的出租者要求赔偿。"由此可见,我国立法规定出租方除应承担《民法典》规定的安全保障义务人责任外,还应当对承租方的违约责任负一定的连带责任。

最后,虽然黄女士不是本小区的业主,但是泳池没有禁止小区外的人员入内游泳,只要是黄女士和泳池的经营者订立了相应的服务合同,就应该和其他消费者一样享受相应的权利。因为黄女士不是小区业主而未收到通知导致她的相关权益受损的责任,应当由泳池服务提供者承担。

支付宝大额支付被限，用户该如何维权？

网络服务合同·平台监管责任·账户冻结

【故事】

覃女士和丈夫经营着一家五金配件店，并同步开设网店。一天，她的支付宝账户突然出现问题，连两百元都无法支付或转出。平日里，货款都是通过支付宝平台入账，夫妻俩日常支出也经常使用支付宝。据覃女士回忆，几天前她曾使用支付宝先后转出1万元、3万元，用于支付房贷和房屋装修费用。但那天她购买材料使用支付宝支付时，突然就弹出了"账户涉及多次高风险交易，限制大额资金转出三年"的提醒。随后，她多次尝试转出资金，但只要资金超过200元就无法成功转出。

覃女士夫妻俩不到一个月已反映了30多次，并多次提交营业执照、身份证、网店交易记录等凭证，但支付宝平台却始终以覃女士的支付宝账户存在异常情况为由，不允许提前解限，却始终不说明到底存在什么风险。覃女士称目前支付宝里有11万多元，很快有一笔近50万元的货款要入账。加上马上要还房贷了，支付宝却无法大额转账提现，这让覃女士夫妻俩很是无奈。那么，支付宝平台与普通用户之间是什么法律关系？支付宝平台限制用户提现转出额度有什么法律依据？用户遭遇转款额度限制，而且是长时间限制的情况，该如何去维权呢？

【故事评析】

本案是网络服务合同纠纷。

支付宝是一个移动支付的平台，它把客户、银行以及普通用户进行连接，为他们提供便捷的在线支付服务。在注册支付宝账户的时候，平台需要用户点击同意《支付宝相关服务协议及隐私政策》，在用户点击同意后才能注册使用支付宝。《民法典》第四百六十四条第一款规定："合同是民事主体之间设立、变更、终止民事法律关系的协议。"本案例中，支付宝和用户之间签订了一个服务合同，双方形成了服务合同关系。在这个服务合同关系中，作为平台的一方，主要提供资金支付、转付、收取的服务；作为消费者一方，主要利用平台的便捷性，实现在支付环节中的资金流通。

该服务合同约定了在某些情形下，支付宝平台可以不经用户的同意，暂时冻结或永久注销用户的账户。即平台和用户之间，作为平等的民事主体，基于双方的约定，支付宝平台有权利限制用户提现转出额度。同时，支付宝方有对平台进行监管的义务。比如，该协议的第五条第二款中规定："存在如下情形时，我们可能会对您名下用户标识及/或支付宝账户暂停或终止提供支付宝服务，或对余额进行支付，且可能限制您所使用的产品或服务。"其中规定了几种情形：账户可能存在风险、账户操作和资金流向存在异常、参加市场活动存在违反活动规则作弊等。根据以上约定，支付宝平台可以不经用户的事先同意，作单方面的判断后，认为账户有风险的，可以暂时冻结或永久注销用户的账户。

此外，《非金融机构支付服务管理办法》第三十一条第二款规定："支付机构明知或应知客户利用其支付业务实施违法犯罪活动的，应当停止为其办理支付业务。"也就是说，如果有用户使用支付宝进行违法犯罪或者不合规的操作，支付宝平台可以为其停止提供在线支付服务。该办法第四十四条还规定了支付机构的反洗钱义务，支付机构未按规定履行反洗钱义务的，中国人民银行及其分支机构根据国家有关反洗钱法律法规等情形处罚；情节严重的，中国人民银行注销其《支付业务许可证》。如果平台发现用户进行违法犯罪的交易支付，而不加以管理和阻止的话，根据该规定，平台自身也需要承担一定的责任。

本案中，平台根据覃女士所使用的支付宝账户情况作出了单方面的判断，认为账户有风险并冻结。虽然说冻结行为是支付宝平台可以单方面决定作出的，但事实上也是允许用户提供相应的证据来证明其对账户的使用合法合规的。这种做法有点类似于"有罪推定"。一般来说，是需要平台先进行举证说明该用户的账户存在问题，其冻结限制转账行为合理合法。但是，就案件目前的情况来说，平台是在没有拿出证据的情况下，单方面判断覃女士账户交易有问题，提前给这个账户作了有违规的"假定"。现在需要用户针对该举证进行反举证，拿出证据、有关材料、交易凭证来说明支付宝平台所怀疑的事实不存在，账户的使用合法合规。在此情况下，平台有义务对用户的账户进行解冻，恢复到原来的状态，使用户能够正常使用其存放的资金。

那么，覃女士夫妻该如何维权呢？建议他们尽量先与支付宝平台工作人员沟通协商尽快解冻。虽然说平台和用户是平等的民事主体，但是实际上来说，平台是属于合同当中相对强势的一方。即使支付宝平台处于强势的地位，但是作为一个技术服务提供平台，有义务谨慎判断用户的资金流向是否存在违规犯罪的行为。同时，建议覃女士夫妻检查一下自己的账单，看看有没有异常款项。作为网店店主，平时有很多资金往来，并不是说覃女士夫妻自身一定存在违法转账行为，有可能是某个顾客的账户存在问题或者涉嫌违法刷单等，转账给覃女士使用的支付宝账户后被平台的风控系统识别到。如果前期的沟通仍然无法解决问题，那么可以将该案件起诉到互联网法院来解决。

第四编

人格权

街拍曝光不文明行为，会侵犯他人隐私吗？

人格权·公权力边界·隐私权

【故事】

乱穿马路、乱扔垃圾、随地吐痰……当市民在大街上无意间作出上述行为时，有可能已被街拍"突击队"拍摄并发布到微博或电视上进行了曝光。某地环境运输和城市管理部门的执法人员在日常巡查中启动微文明街拍，对发现的市民自觉将垃圾丢进垃圾桶的文明行为，采取拍摄录像的方式，定期通过电视、官方微博等媒体公布和展播，每个月奖励10名文明市民。这场微文明街拍又延伸至乱丢、乱吐、乱过马路等不文明行为。

除了执法人员街拍，活动同时设置了新栏目，专门搜集网友拍摄到的不文明行为，经过定期筛选在网络上公开曝光。率先被曝光的是一名主动把垃圾放到垃圾桶的市民和一位乱穿马路的市民，前者获得了纪念品，后者是名妇女，抱着孩子在非斑马线地带穿越马路，被在场的执法人员拍摄记录。走在街上不知何时被拍，这类曝光行为侵犯到公民隐私了吗？是否会构成侵权？

【故事评析】

本案涉及公共执法和保护隐私权的边界问题。

本案中，有关部门执法人员通过拍摄录像，对市民在大街上的文明行为和不文明行为进行记录。首先，有关部门的初衷是好的，目的是更好地给市民树立榜样，鼓励市民行文明事，做文明人，但从法律的角度来看，此做法的合法性仍有待商榷。《民法典》第一百一十条规定："自然人享有生命权、身体权、健康权、姓名权、肖像权、名誉权、荣誉权、隐私权、婚姻自主权等权利。法人、非法人组织享有名称权、名誉权和荣誉权。"公民依法享有肖像权、名誉权、隐私权等人格权,若有关部门执法人员或市民网友在电视、网络上公开曝光他人的不文明行为,贬损了他人的名誉,容易构成侵犯名誉权的行为。同时由于网络信息具有传播途径广泛、易获取、易保存等特点,若将图片公布到网络上,有可能被他人恶意使用,因此如果选择曝光,要避免侵犯他人的肖像权和隐私权,应当打上马赛克。

假如有市民发现被人拍摄并曝光,认为自己的人格权受到了侵犯该如何去维权?《民法典》第九百九十五条规定:"人格权受到侵害的,受害人有权依照本法和其他法律的规定请求行为人承担民事责任。受害人的停止侵害、排除妨碍、消除危险、消除影响、恢复名誉、赔礼道歉请求权,不适用诉讼时效的规定。"可见,侵害他人人格权的行为人承担民事责任的方式主要有停止侵害、排除妨碍、消除危险、消除影响、恢复名誉、赔礼道歉,这些方式可以单独适用,也可以合并适用。

本事例中,被曝光的受害人可以要求侵权人:第一,停止侵害。删除相关照片和微博,防止侵害后果的进一步扩大。第二,消除影响、恢复名誉。若曝光行为侵害了受害人的名誉权,造成其社会评价降低的后果,可以要求侵权人在报刊或者网络上发表公开声明,对曝光内容进行更正,以消除不良影响,恢复受害人名誉。第三,赔礼道歉。指侵权人通过口头、书面或者其他方式向受害人进行道歉,以取得谅解的一种责任方式,既可以是公开的,也可以私下进行。

另外要注意的是,《民法典》第一百八十八条规定了普通诉讼时效和最长权利保护期间,向人民法院请求保护民事权利的诉讼时效期间为三年。法律另有规定的,依照其规定。诉讼时效期间自权利人知道或者应当知道权利受到损害以及义务人之日起计算。法律另有规定的,依照其规定。但是,自权利受到损害之日起超过20年的,人民法院不予保护,有特殊情况的,人民法院可以根据权利人的申请决定延长。而人格权受到侵害的受害人主张停止侵害、排除妨碍、消除危险、消除影响、恢复名誉、赔礼道歉请求权并不受诉讼时效的限制,这也是《民法典》加强人格权保护的一种体现。

拍大尺度裸体婚纱照是否合法？

人格权·隐私权·公序良俗

【故事】

结婚对于许多人而言一生只有一次，每对新人都希望有个难忘的回忆。有人回归传统，拍婚纱照必拍龙凤裙褂；有人玩创新，写剧本打算把恋爱故事定格；然而有网友却向大尺度挑战，希望选拍裸体婚纱照，在网络上掀起了轩然大波，引起热议。不少网友纷纷表示太前卫，无法接受。那么，拍大尺度裸体婚纱照究竟是否合法？要注意规避哪些风险？

【故事评析】

个人权利自由和社会公序规范具有相应的界限，个人行使的权利自由不能影响社会公共领域，同时社会公序也不能无限制约束个人的权利自由。《民法典》第八条规定："民事主体从事民事活动，不得违反法律，不得违背公序良俗。"第一千零三十三条规定："除法律另有规定或者权利人明确同意外，任何组织或者个人不得实施下列行为：……（四）拍摄、窥视他人身体的私密部位……"

根据上述法律规定，如果个人拍摄婚纱照的目的是结婚纪念，供自己以及爱人欣赏，这种行为是合法的，但是裸体婚纱照毕竟还是新生事物，新人倘若要选择拍摄，可能要承担隐私被泄露的风险。如果确实有新人愿意承担风险，执意拍摄，建议新人与拍摄机构签订详细的保密合同，其中包括照片的使用范围，约定参与拍摄人员的数量，拍摄者不得以任何方式传播，以及一旦违反需承担的责任等，约定的赔偿金越高越好，因为低额赔偿金的震慑作用不大，同时建议在拍摄时尽量使用自己的设备进行拍摄、储存。样片和成片一并由自己妥善保管，确认拍摄机构不留存档备份，提高保护自身隐私权的防范意识。

互联网并不是法外之地，一旦发生相关照片泄露事件，首先不要慌张，如被上传到网络上，可以向网络发布的平台反映要求删除或者向网警反映，发布相关声明追究发布者、传播者甚至是网络平台方的法律责任。在网络或其他渠道上传播相关照片的，涉及侵犯肖像权、名誉权、隐私权和扰乱公共秩序。

《民法典》第一千零三十二条规定："自然人享有隐私权。任何组织或者个人不得以刺探、侵扰、泄露、公开等方式侵害他人的隐私权。隐私是自然人的私人生活安宁和不愿为他人知晓的私密空间、私密活动、私密信息。"

此外，如果新人选择在公共场所进行拍照则有可能涉嫌违法，扰乱公共秩序造成相关不良影响的，可能触犯《治安管理处罚法》，并按照其相关规定受到处罚，情节严重者甚至可能触犯刑法，需要依法追究其刑事责任。所以新人选择拍摄裸体婚纱照需要十分慎重，需要考虑拍摄的尺度，拍摄的场所一定要具有私密性，以免触犯法律导致喜事变坏事。要尊重和维护社会公共秩序，不能罔顾社会法律道德的约束，民事主体的所作所为都必须依法依规，共同营造良好稳定安宁的和谐社会环境。

人脸识别日益普遍，小心"偷脸"风险

人格权·隐私权·个人信息保护

【故事】

"人脸识别"是近年来颇受公众关注、热度很高的一个话题，大家普遍关注的是由"人脸识别"带来的信息安全问题，公共场所是否存在"偷脸"风险。比如，现在的商场以及商场店铺内，都会安装数量众多的监控摄像头。在某宝平台上，搜索"人脸识别摄像头"已显示不出任何商品，但通过"人脸识别"等关键词搜索，依然有不少"漏网之鱼"。在某多多平台，最便宜的人脸识别摄像头标价不到200元。多个平台对购买人脸识别摄像头均无任何限制。

目前，除必要的公共职能部门使用人脸识别摄像头外，一些商场、景区、楼盘等也搭建起人脸识别的网络平台。其中，使用摄像头联网，通过人脸识别进行数据关联收集客户信息，成为部分楼盘的"潜规则"。那么，如果发现自己被商业机构摄像头进行了人脸识别，该怎样维权？

【故事评析】

本案属于典型的隐私权纠纷。

人的面部特征具有唯一性，未经法律授权或不经同意的人脸识别可能涉嫌侵权。人脸信息也属于公民个人信息的一部分，任何组织未经被采集者本人同意不得违法采集公民的人脸信息。《民法典》第一百一十一条规定："自然人的个人信息受法律保护。任何组织或者个人需要获取他人个人信息的，应当依法取得并确保信息安全，不得非法收集、使用、加工、传输他人个人信息，不得非法买卖、提供或者公开他人个人信息。"同时，《个人信息保护法》第十条也

明确规定:"任何组织、个人不得非法收集、使用、加工、传输他人个人信息,不得非法买卖、提供或者公开他人个人信息;不得从事危害国家安全、公共利益的个人信息处理活动。"

人脸信息具有的唯一性,是独有的生物特征,涉及公民身份认证、在邮政、金融、行政服务等广泛领域的识别,不良商家滥用人脸识别,造成公民信息泄露的,势必会影响公民个人日常的生活工作,甚至使公民在财产、安全等方面直接受到威胁,滥用人脸采集设备带来的影响非同小可、风险不可忽视。

目前因刷脸造成的个人信息被侵犯主要集中在消费领域,消费者可通过消委会等组织进行反映投诉。然而,由于很多"人脸识别"具有隐蔽性,采集人脸信息数据等证据并不在消费者一方,所以若要起诉可向公诉机关或法院要求先进行证据保全。此外,消费者也可以通过一些迂回的方式,比如与商场签订谅解书等,把相关采集数据、记录等证据先确定下来。

随着大数据在社会各领域应用越来越多,政府也在不断积累大数据治理的相关经验。建议政府要有专门针对大数据监管的机制,加大对个人数据的保护力度。同时,建议政府市场监察部门对制造、销售相关人脸采集设备的商家加大监管力度,建立相关销售备案制度,记录销售设备的去向,从源头处进行监管,防范不良商家滥用人脸采集设备,保护公民隐私和个人的信息安全。

对于国家机关及其工作人员采集公民个人人脸信息的,采集机关和人员对个人信息负有保密义务,《民法典》第一千零三十九条规定:"国家机关、承担行政职能的法定机构及其工作人员对于履行职责过程中知悉的自然人的隐私和个人信息,应当予以保密,不得泄露或者向他人非法提供。"当公民人脸等个人信息遭到有关人员泄露时,可以马上向采集储存个人信息的部门反映或到公安机关报案,个人信息被发布、传播在网络平台上的,被泄露人员可以通知网络公司立即删除,同时固定网络侵权的证据,保护自身隐私权不受侵犯。

第五编

婚姻家庭

男子为争房产与母亲对簿公堂

赠与·赡养·代理

[故事]

易先生是好姨和前夫生的儿子,儿子的经济条件不好,她经常给予支持。儿子考驾照、学电脑都是好姨付学费,儿子结婚她给了5万元的礼金,买车给了5万元首付,摆酒席、买金器,大概花了十五六万元。好姨再婚后,又生了女儿曹小姐。前两年,好姨购置了一套86平方米的房子用作出租。因为要接济女儿曹小姐,房子后来抵押给银行,贷了30多万元。现在为了再接济儿子,好姨就想到要将房子过户给易先生,并再次抵押从银行借到70多万元贷款,还了之前的贷款。不过,在房屋过户前,好姨签订了一份律师见证书,儿子易先生仅是代持和挂名,好姨承诺如果处理该房产,就将房产30%的份额现值赠与易先生。

但天有不测之风云,2020年受疫情的影响,好姨的房子租不出去,银行的那笔70多万元的贷款面临断供。无奈之下,好姨决定卖房还债,没想到在签订了卖房合同收了15万元定金后,易先生第一时间划走了4万元。为了稳妥起见,好姨让女儿曹小姐出面代收卖房的余款。房款是130万元,但是减去银行贷款和过桥利息只剩下54万元。好姨将逾期信用卡、亲戚朋友的债务还了以后已经所剩不多,她本想留着养老,但没想到儿子易先生以财产损害赔偿为由,将她和曹小姐告上法庭,要求拿回三成房款。有人说这是一个现实版的"农夫与蛇"的案例,儿子为争房产和母亲对簿公堂,他能打赢这场官司吗?

【故事评析】

本案案情复杂,既涉及不动产的登记物权所有人与实际所有人不一致的法律冲突，又涉及母子之间赠与关系，还涉及父母子女的赡养和抚养关系及家事的代理关系等，孰是孰非有待法院裁判，但有一点可以明确，就是曹小姐不应该承担这起纠纷的法律后果。

《民法典》第一百六十一条规定："民事主体可以通过代理人实施民事法律行为。依照法律规定、当事人约定或者民事法律行为的性质，应当由本人亲自实施的民事法律行为，不得代理。"第一百六十二条规定："代理人在代理权限内，以被代理人名义实施的民事法律行为，对被代理人发生效力。"

本案中，如果卡里的钱是被告曹小姐转走的，但曹小姐是受母亲之意转走的，这叫代理关系。根据《民法典》规定，代理关系中，代理人所为的法律行为的法律后果由被代理人承担，被代理人是曹小姐的母亲，法律后果由她母亲承担。

另外，《民法典》第六百五十七条规定："赠与合同是赠与人将自己的财产无偿给予受赠人，受赠人表示接受赠与的合同。"第六百五十八条规定："赠与人在赠与财产的权利转移之前可以撤销赠与。经过公证的赠与合同或者依法不得撤销的具有救灾、扶贫、助残等公益、道德义务性质的赠与合同，不适用前款规定。"

由上述规定可以看出，对于非公证的赠与合同，或者不是扶贫、救灾、公益等性质的赠与承诺，赠与人享有一定的撤销权。《民法典》第六百六十三条还规定："受赠人有下列情形之一的，赠与人可以撤销赠与：（一）严重侵害赠与人或者赠与人近亲属的合法权益；（二）对赠与人有扶养义务而不履行；（三）不履行赠与合同约定的义务。赠与人的撤销权，自知道或者应当知道撤销事由之日起一年内行使。"如果赠与人和受赠人有抚养和赡养义务，而应当履行义务的一方又不履行义务的，那作为赠与人的一方是可以撤销赠与的。

而且《民法典》第六百六十六条进一步规定："赠与人的经济状况显著恶化，严重影响其生产经营或者家庭生活的，可以不再履行赠与义务。"因此，当赠与人好姨的经济情况发生了明显的恶化，或者继续履行赠与合同会给好姨个人或者家庭生活带来困难时，即使在赠与合同生效的情况下，好姨依然可以撤销赠与。

经历三年无性婚姻，妻子索赔 20 万元

婚姻家事・忠诚义务・撤销婚姻

【故事】

25 岁的阿欣经朋友介绍，认识了阿忠。阿忠只比阿欣大两岁，却已经事业有成，是当地一家企业的老板。让阿欣最心动的是，阿忠文质彬彬，对她不但关心体贴，而且非常尊重。两人闪电结婚。哪料结婚当晚，阿忠在新房里告诉阿欣，自己患有乙肝"大三阳"，怕传染给阿欣，因而不能与她亲热。阿欣觉得，自己既然与阿忠结为了夫妻，也不能因为他的病而嫌弃他，应该和他一起共渡难关，把病治好。

一转眼半年过去了，丈夫依旧没能把病治好，但阿欣没有被传染，她认为进行房事应该也没有关系。谁知阿忠说医生叮嘱他不适宜进行房事。此后，阿欣劝说阿忠进行治疗，但是阿忠却以种种借口推搪。阿欣发现丈夫很喜欢上网，而且经常与其他人进行视频聊天。趁一次丈夫出外公干的机会，她在丈夫的 QQ 聊天记录内意外地发现了他经常与 QQ 里面的男性网友打情骂俏。阿欣彻底明白过来。阿忠回来后，不但没有解释，反而当场责备她不应该窥探自己的隐私，一气之下搬出了家。

阿欣认为，阿忠在婚前隐瞒了自己的性取向，足足浪费了她人生中最宝贵的 3 年时间。她提起离婚诉讼，除了要求分割夫妻共有财产之外，还要求阿忠赔偿其 20 万元精神损害赔偿。她的诉求法官会支持吗？

【故事评析】

本案是一起关于离婚纠纷的案件。

首先，这类配偶在婚前隐瞒自己性取向的婚姻，并不属于无效婚姻。《民法典》第一千零五十一条对婚姻无效的三种情形进行了规定："有下列情形之一的，婚姻无效：（一）重婚；（二）有禁止结婚的亲属关系；（三）未到法定婚龄。"其次，根据《民法典》第一千零五十二条、第一千零五十三条的规定，一方因胁迫他人结婚或者婚前隐瞒重大疾病的，另一方可以向人民法院请求撤销婚姻。但隐瞒性取向不属于上述情况。对于婚前隐瞒自己的同性恋倾向的行为，目前法律尚无禁止性规定，也就是说，阿欣和阿忠之间的婚姻是合法有效的，具有法律上的效力。

那么，阿欣能否以阿忠在婚前隐瞒了自己的性取向为由要求阿忠进行赔偿呢？目前我国法律上尚无规定。《民法典》第一千零九十一条规定："有下列情形之一，导致离婚的，无过错方有权请求损害赔偿：（一）重婚；（二）与他人同居；（三）实施家庭暴力；（四）虐待、遗弃家庭成员；（五）有其他重大过错。"只有符合这五种情况时，无过错方才有权请求损害赔偿，而第五项的"有其他重大过错"属于兜底性条款，根据以往法院的判例，婚前隐瞒性取向不属于"有其他重大过错"的情形，但值得注意的是，《民法典》第一千零四十三条第二款规定："夫妻应当互相忠实，互相尊重，互相关爱。"对于阿忠婚后与他人打情骂俏的行为，笔者认为违反了夫妻之间的忠实义务，属于"有其他重大过错"的情形，倘若配偶一方真的在婚前故意隐瞒性取向，对另一方在精神上造成一定的创伤，受害方提出精神损害赔偿还是有依据的。从上述的这些法律规定中可以看出，这个案例突显了我国在婚前隐瞒性取向这方面的法律空白，在立法上法律采取列举的方式列出离婚纠纷中无过错方可以要求损害赔偿的几种情况，但不可能穷尽所有有可能发生的情形。

在本案中，阿忠在法庭上表示，他们夫妻的感情的确已经破裂，他同意离婚。但是他们夫妻性生活不和谐，完全是因为阿欣不愿意，并不是他个人的原因。至于阿欣说的"不履行丈夫义务"，其实履行丈夫义务除过夫妻生活外，还包括在生活上扶养伴侣，阿忠在这方面已经完全尽了责任。阿欣作为原告，根据"谁主张，谁举证"的举证原则，要想自己的诉讼请求得到法院的支持，就需要拿出能够证明阿忠在婚前隐瞒了其性取向、违反夫妻忠实义务的证据。但最后阿欣并未能提供充分的证据，法院认为其索要精神损害赔偿的要求不符合法律规定，最终法官判决准许阿欣和阿忠离婚，夫妻共有财产由双方进行分割，驳回了阿欣索要赔偿的请求。

女子跨省千里寻找出轨失联的丈夫

婚姻家庭·重婚·遗弃

【故事】

宋女士和马先生相恋多年后结婚，婚后生了一个儿子。之后马先生只身南下广东工作，留下宋女士在老家照顾小孩。有一年马先生回去探亲的时候，宋女士发现有个女的老给他发信息，才知道丈夫在外面有别的女人了。因为有孩子，她想挽留这段感情。和丈夫经过一番沟通之后，马先生声称自己会为了家庭而改正，但要再回广东给第三者一个交代。但令宋女士没有想到的是，丈夫居然一去没回头。

两年间，马先生偶尔会发消息来，责骂宋女士拆散了他俩，还说"等着离婚吧"，但大部分时间都拉黑了宋女士。宋女士说，马先生曾经向法院申请离婚，但她没同意，她始终盼望丈夫能重回家庭。后来，宋女士千里寻夫来到广东，她辗转得知第三者姓陈，就上门找过几次。这位陈小姐表示自己很无辜，因为她当年跟马先生在一起的时候，完全不知道他有家室，没想过自己会变成第三者，是马先生骗了她。知道马先生已婚的情况后，她立刻提出分手，不过马先生死缠烂打，一直向她道歉请求复合。而马先生则对宋女士说，他们的夫妻关系已经破裂无法挽回，又表明自己早已离开广东，宋女士找他只是徒劳。

马先生"失联"近两年，他没有承担起家庭责任，没有照看过孩子，还与婚外的异性同居，究竟应不应该负法律责任呢？

【故事评析】

马先生与宋女士的婚姻法律关系是经民政部门婚姻登记程序确认的，他们之间的婚姻关系是受到国家法律认可和保护的。马先生和宋女士作为夫妻双方既享有夫妻间的权利，同时也需要履行夫妻双方的义务。根据《民法典》婚姻家庭编的相关规定，夫妻双方之间都有忠诚的义务。如果马先生长期与婚外的异性同居，他的行为违反了《民法典》规定，也违反了夫妻双方忠诚义务的规定。

《民法典》第一千零四十二条规定："禁止包办、买卖婚姻和其他干涉婚姻自由的行为。禁止借婚姻索取财物。禁止重婚。禁止有配偶者与他人同居。禁止家庭暴力。禁止家庭成员间的虐待和遗弃。"第一千零四十三条规定："家庭应当树立优良家风，弘扬家庭美德，重视家庭文明建设。夫妻应当互相忠实，互相尊重，互相关爱；家庭成员应当敬老爱幼，互相帮助，维护平等、和睦、文明的婚姻家庭关系。"马先生的行为有可能涉嫌构成重婚犯罪，根据《刑法》第二百五十八条的规定，重婚罪指有配偶而重婚的，或者明知他人有配偶而与之结婚的。犯重婚罪应处二年以下有期徒刑或者拘役。马先生在已有法律婚姻的前提下又长期与他人以夫妻关系同居，属于先法律婚后事实婚，应当认定构成重婚罪。即便马先生达不到构成重婚罪的程度，如果因为他这种行为导致夫妻双方感情破裂，从而导致双方离婚的话，马先生属于离婚的有过错一方，将来在分配财产的时候可能会被法院判决少分配财产，且宋女士在离婚时作为无过错方有权向过错方马先生请求离婚损害赔偿。根据《民法典》第一千零九十一条的规定："有下列情形之一，导致离婚的，无过错方有权请求损害赔偿：（一）重婚；（二）与他人同居；（三）实施家庭暴力；（四）虐待、遗弃家庭成员；（五）有其他重大过错。"马先生的行为构成重婚或与他人同居，宋女士可以向马先生提出离婚损害赔偿。对于子女抚养的问题，法院也会倾向于考虑让无过错方来抚养未成年子女，这样更有利于未成年子女健康成长，宋女士在诉讼离婚时可以向法院提出要求马先生按月支付一定的抚养费。

此外，由于马先生长期对妻子和婚生子不管不顾，其行为也可能构成遗弃罪。夫妻间有相互扶养的义务，父母对子女有抚养教育义务。《刑法》第二百六十一条规定："对于年老、年幼、患病或者其他没有独立生活能力的人，负有扶养义务而拒绝扶养，情节恶劣的，处五年以下有期徒刑、拘役或者管制。"若宋女士及其孩子陷入没有独立生活能力的状态，马先生负有扶养义务却拒绝扶养，情节恶劣的可以追究其刑事责任。

第六编

继承

将部分遗产留给宠物狗，有效？无效？

继承·遗嘱继承·遗赠

【故事】

因子女不孝，一位丧偶多年的老人在遗嘱中将过半财产分给了自己的保姆，还分出10%的财产给自己养的宠物"小豆狗"，交由自己的妹妹代为保管，却没有把财产留给自己的一双儿女。老人在遗嘱中写道："他俩都没有尽孝道，我也没享受在他们成年后应得的尊重和孝顺，财产他们没有份额。"有网友指出，老人并不是观念另类怪诞，也不是不顾及儿女亲情，只是儿女不孝让他感到寒心，才作出把财产留给保姆和宠物狗也不留给儿女的决定。

中国日益步入老龄化社会，老人们需要的是关爱和陪伴，而不仅仅是钱。虽然政府通过把"常回家看看"写入法律规定，上升为法律责任，来推动社会孝德建设，但说到底还是要依靠儿女们的自觉性。那么，保姆可以成为老人的继承人吗？宠物狗能否继承人类的遗产？如果宠物狗死亡，这部分遗产由谁继承？

【故事评析】

本案是继承纠纷。

《民法典》第一千一百二十三条规定："继承开始后，按照法定继承办理；有遗嘱的，按照遗嘱继承或者遗赠办理；有遗赠扶养协议的，按照协议办理。"第一千一百三十三条规定："自然人可以依照本法规定立遗嘱处分个人财产，并可以指定遗嘱执行人。自然人可以立遗嘱将个人财产指定由法定继承人中的一人或者数人继承。自然人可以立遗嘱将个人财产赠与国家、集体或者法定继承人以外的组织、个人。自然人可以依法设立遗嘱信托。"在此案例中，老人将遗产留给保姆的行为本质是一种遗赠行为，只要是老人真实意思的表达，且保姆没有《民法典》第一千一百二十五条规定的情形，那遗赠行为就是有效的。

在现实生活中，老人因为在晚年时子女没有尽到赡养义务，而将遗产赠与保姆或者其他人的情况并不少见，保姆获得遗产的事情也经常上热点新闻。但老人将遗产留给自己的宠物狗却不常见，且老人将自己的遗产留给宠物狗的行为可能是无效的。一方面，我国的法律没有明确规定宠物可成为遗产的法定继承人；另一方面，狗也不具备民事行为能力，所以不能继承遗产。

在本案中，如果老人一心想要分出一部分自己的财产给"小豆狗"，那可以怎么处理呢？《民法典》第一千一百四十四条规定："遗嘱继承或者遗赠附有义务的，继承人或者受遗赠人应当履行义务。没有正当理由不履行义务的，经利害关系人或者有关组织请求，人民法院可以取消其接受附义务部分遗产的权利。"因此，老人可以将这部分财产以附义务遗赠的方式，赠与以后照顾自己宠物狗的人，要求其用这笔钱照顾好小狗，这样一来小狗不仅有人照顾，也有了物质保障。

如果小狗突然死亡，那这10%的遗产归谁？《民法典》第一千一百五十四条规定："有下列情形之一的，遗产中的有关部分按照法定继承办理：（一）遗嘱继承人放弃继承或者受遗赠人放弃受遗赠；（二）遗嘱继承人丧失继承权或者受遗赠人丧失受遗赠权；（三）遗嘱继承人、受遗赠人先于遗嘱人死亡或者终止；（四）遗嘱无效部分所涉及的遗产；（五）遗嘱未处分的遗产。"假如老人是将自己的遗产留给"小豆狗"，那么这属于遗嘱无效部分所涉及的遗产，符合第一千一百五十四条规定的第四种情形，那么这部分遗嘱就按照法定继承办理，由老人的儿女作为第一顺序法定继承人继承。

女子与临终的老人"闪婚",是否可分割遗产?

无效婚姻·继承·遗产

【故事】

一位老人在医院下达"随时会死亡"的诊断后的第 5 天,忽然瞒着家里所有人,和陈某结婚。婚后 13 天,老人去世。老人的财产引起了陈某与老人儿子梁某之间的争产风波。儿子梁某直指"后妈"陈某为谋父亲财产蓄意谋划婚姻,称父亲年长陈某三十多岁,而陈某之前是父亲房子的租客。租客摇身一变成"后母",还要求分家产,这让他无法接受。

而陈某则表示,她和梁某的父亲是在双方都离异后开始恋爱。那时她就知道他有肝病,带着他到处去找医生,一直在帮他调理肝病。为了照顾他,她甚至关闭了自己的公司,主动搬到了出租屋里与他一起住,而并非梁某所称的单纯的"租客"。自己照顾了患病的丈夫七年,登记结婚只是丈夫为了表示感恩而主动提出给她一个"名分"。现在她的丈夫因肝癌病逝,留下的三幢房屋,目前租金仍由丈夫的儿子,也就是梁某收取,因此她希望分割丈夫的遗产,以及丈夫在村里的股份分红。她回应不图家财,只要回自己应得的部分,大约 300 万元。

老人的儿子梁某一直心存疑惑的是,两人结婚为何瞒着家人?陈某和父亲结婚,是为了名分还是钱?父亲与陈某的婚姻有效吗?她有权来争财产吗?

【故事评析】

本案是继承纠纷,但关键在于婚姻效力。

《民法典》第一千零四十二条第一款规定："禁止包办、买卖婚姻和其他干涉婚姻自由的行为。禁止借婚姻索取财物。"根据上述规定，缔结婚姻不应以财产为目的，买卖婚姻、借婚姻索取财物等情形为法律所禁止。其中，买卖婚姻是把妇女的人身当作商品，索取嫁女的身价或者贩卖妇女，包办强迫他人的婚姻。而借婚姻索取财物的行为往往给当事人的婚姻和婚后生活带来困难，也腐蚀了人们的思想，败坏了社会风气，因此也被《民法典》所禁止。至于父母、亲友或者男女双方出于自愿的帮助、赠与，应当认为，在未出现该帮助、赠与行为的情况下，婚姻的成立条件未受到影响，也就是说，没有这样的帮助行为，双方仍然自愿缔结婚姻关系，因此，不能认为是买卖婚姻和借婚姻索取财物的行为。

在本案中，一般而言，双方结婚应该有感情基础，将来可以共同生活，履行夫妻双方的义务。作为律师，我们不提倡这种与濒临死亡的人"闪婚"的行为。而现实中，这种与濒临死亡的被继承人缔结婚姻的现象时有发生，其背后的原因值得人们深思。就本案而言，法院应该严格审查婚姻登记时的细节，从目前的案情来说，女方明知对方已经不可逆转地要走向死亡，还与其登记结婚，其意义和目的何在？当然也不排除女方说法，是死者为了给女方一个身份。但值得细究的是，死者当时已经处于一级护理当中，却在未经过家属同意的情况下，被当时还不是死者妻子的女方带出去登记，这种做法就很值得怀疑。

另外，《民法典》第一千零五十一条规定："有下列情形之一的，婚姻无效：（一）重婚；（二）有禁止结婚的亲属关系；（三）未到法定婚龄。"根据上述规定，假如没有这三种情形，婚姻应认定为有效。

本案中，死者的儿子梁某认为陈某是为了夺取死者的遗产而与其结婚，就应该提供相应的证据，证明两人在缔结婚姻关系时，对方存在使用胁迫或者其他卑劣手段来与死者登记，因而在财产分割上，可要求法院取消对方的继承权或者少分一些。不过，按照目前的证据来说，难以证明陈某使用了上述手段，因此陈某与梁某父亲的婚姻应当认定是合法的。

外嫁姐妹状告堂兄侵占父亲遗产

继承权·不动产物权·妇女权益保护

【故事】

登记在父亲名下的一栋老房，本该由五姐妹继承，但两个堂兄弟却私自占用，拆了之后重建四层房屋出租，并以欺瞒方式为重建房取得房产证。五姐妹认为，两个堂兄弟的行为侵占了她们本应该继承的遗产，多次协商均无果，因此走法律途径维权，要求对方立即停止侵害，返还房屋，同时作出相应的经济赔偿。堂兄弟回应，这是祖屋，属于共有。不过他们也承认，因为当时另外两位叔伯父去世，这栋老房子的房产证上确实只有叔叔的名字。老房子虽登记在叔叔的名下，但并非叔叔的个人财产，他们也是继承人之一，根据该村的习俗村约，他们有权利开发使用该老房子。

外嫁多年的女儿能否回来"争产"？就算在该村内，不同的村民也有不同的意见。另外，老房是否为祖业？房屋再度开发怎么办？一系列的难题使得这场争产纠纷难以厘清，陷入僵局。

【故事评析】

本案属于继承纠纷，主要涉及所有权和侵权问题。

《民法典》第一千一百二十七条第一款、第二款规定："遗产按照下列顺序继承：（一）第一顺序：配偶、子女、父母；（二）第二顺序：兄弟姐妹、祖父母、外祖父母。继承开始后，由第一顺序继承人继承，第二顺序继承人不继承；没有第一顺序继承人继承的，由第二顺序继承人继承。"本案中，案涉房屋因为登记在五姐妹父亲的名下，在其去世后，理应将房屋按照遗产处理。外嫁五姐妹作为第一顺序继承人，理应获得房屋的所有权。

在这里探讨三个问题。

第一，外嫁女能否争产？在现实生活中，很多习俗村约都规定"外嫁女"并无遗产继承权。但是，这种习俗并不等于法律。《民法典》明确规定了子女是第一顺位的继承人，这一点不会因为其婚配状态而有所改变。当村规民约在内容上与法律产生冲突时，应当按照法律办事。女儿即便是外嫁，也不会因此而丧失继承权。

第二，老房屋是否为祖业？本案中，两个堂兄弟认为，老房实为祖屋，属于共有，他们也是继承人之一，有权利开发使用。但根据《民法典》规定，房屋所有权应该根据房屋登记认定。本案的房屋登记是五姐妹父亲的名字，且该房屋被认定为遗产，那么就应该由五姐妹继承。而如果老房需要重新确权的话，两个堂兄弟应当通过诉讼程序，向法院提供证据，推翻当初的房屋登记，继而获得对房屋所有权。

第三，老房屋再度开发怎么办？案涉老房屋在被两堂兄弟拆掉后，由二人自行出资新建，并获得了新房的房产证，后来两兄弟将该新房出租，从而获得了一定收益回报。但从法律上讲，不管老房屋是五姐妹父亲的遗产，还是五姐妹与两位堂兄弟作为祖业的继承人共同共有，如今房屋已经毁损灭失，两位堂兄弟应当为拆除房屋对五姐妹承担相应的侵权责任。根据《民法典》规定，权利人五姐妹可以要求侵权人两位堂兄弟赔偿损失。

上述纠纷毕竟发生在有亲缘关系的人之间，协商处理才是最佳的纠纷解决方式。

第七编

侵权责任

打车被强行扣了 99 元停车费，原因竟是关门过猛

运输合同·侵权·损害赔偿

【故事】

有天早上，龙小姐和男朋友黄先生在居住的公寓楼下，叫了一辆网约车。几分钟后，他们预约的一辆白色吉利帝豪汽车到达。软件显示，司机是蔡师傅。一路上，龙小姐和男友两人只顾着聊天，并没有和司机过多交流。黄先生先下的车，龙小姐则继续坐了约一公里的路程，来到公交站下车。当时因为赶着上班，并没有和司机核实车费便匆匆下了车。后来看手机的消费提示信息才知道，她这次行程总费用是 108.5 元，其中，里程费（4.5 公里）9 元，时长费（10 分钟）3.5 元，停车费 99 元，优惠 3 元。

对于这 99 元的停车费，龙小姐非常困惑。随后，她马上给蔡师傅拨打了电话。蔡师傅明确表示，这并非他手误，是他故意多收这 99 元的停车费，原因是龙小姐的男朋友黄先生下车时用力关门，导致他车门的胶条脱落。之所以要收 99 元，是因为"停车费"一项最多能填 100 元。

她向蔡师傅表示，就算车辆真的出了问题，也应该先跟他们沟通，而不是不声不响地扣费。蔡师傅称有问题可以去平台投诉。龙小姐担心的是，她支付宝上开通了"免密支付"，如果司机可以随意填写金额而不用与乘客确认，那岂不是有很大风险？另外，蔡师傅这样强收"停车费"合不合适？

【故事评析】

本案是出租汽车运输合同纠纷。

《民法典》第八百零九条规定:"运输合同是承运人将旅客或者货物从起运地点运输到约定地点,旅客、托运人或者收货人支付票款或者运输费用的合同。"第八百一十三条规定:"旅客、托运人或者收货人应当支付票款或者运输费用。承运人未按照约定路线或者通常路线运输增加票款或者运输费用的,旅客、托运人或者收货人可以拒绝支付增加部分的票款或者运输费用。"

本案中,蔡师傅作为承运人,按照旅客龙小姐的要求,将其运送至指定的目的地,蔡师傅有权向旅客龙小姐收取运输费用。但问题是,蔡师傅以龙小姐的男朋友黄先生下车时用力关门,导致了车门胶条脱落为由,多收取了旅客99元停车费,这是否合法呢?

仅从运输合同角度来看,根据合同履行的一般规则,如果在合同履行过程中,因一方当事人的违约或者侵权行为,给对方造成损害的,对方可以主张赔偿损失。如果在合同履行过程中,一方当事人存在侵权情形的,则构成合同与侵权的竞合。

《民法典》第一百二十条规定:"民事权益受到侵害的,被侵权人有权请求侵权人承担侵权责任。"《民事诉讼法》及相关司法解释也规定,侵权的构成,应当由危害行为、危害结果、因果关系等要素构成。既然蔡师傅认为,修理车辆的财产损失由黄先生的侵权行为造成,那么本案应考虑黄先生是否对蔡师傅构成了侵权行为,并从以下四点进行分析。其一,看黄先生的关门行为是否属于危害行为。主要判断黄先生的关门行为是否超出了必要的限度。其二,看危害结果是否真实存在,即胶条是否脱落、财产损害有多少。其三,看危害行为和危害结果之间是否存在因果关系,即胶条的损害是不是由黄先生关门行为造成的。其四,看黄先生是否存在主观的过错,即黄先生是否尽到了正常人的注意。由于普通侵权类案件适用一般过错原则,举证责任的分配是"谁主张谁举证"。因此,侵权行为是否构成需要主张一方去举证证明。

首先,从常理分析,如果只是"用力关门",属于正常生活行为,没有超过必然的限度,只是力度过猛,一般是不会直接造成胶条脱落的。因此,黄先生的行为并不属于危害行为。其次,胶条脱落究竟造成了多少财产损害,存不存在本身这个胶条就已经处于损坏状态,是否因为黄先生"用力关门"造成的,还有黄先生有没有尽到正常人的注意，都需要蔡师傅去举证证明。

　　由此可见，黄先生并不对蔡师傅存在侵权行为。同时，作为一辆用于公共运营的车辆，蔡师傅的车辆应该符合运营要求。乘客关门用力就导致车辆损坏，已经超出一般公众对于其行为的正常认知，甚至可以说他的车辆没有达到运营车辆的要求。而此时，蔡师傅直接强行收取"停车费"，用来主张自己车门胶条脱落的财产损失，显然也不符合《民法典》所规定的"自力救济"行为。因此，蔡师傅这种索要赔偿的行为本身就是违法的。

　　而作为乘客来说，如何救济呢？其一，可向网约车平台反映情况。依照合同关系和合同的相对性，作为乘客的龙小姐对网约车平台可主张其返还蔡师傅自行收取的"停车费"。至于网约车司机蔡师傅的行为，由其所属网约车平台依据其双方的劳动合同或者是承包合同，进行管理或者追责。其二，如果网约车平台不作为，还可向相关市场监督部门和交通管理部门等行政部门投诉，甚至可报警或诉讼处理。

电动自行车电池充电引发火灾，厂家要担责吗？

特殊侵权责任·产品缺陷·无过错责任

【故事】

现在，因为电动自行车充电引发的火灾事故频频发生，不但直接造成财产损失，甚至还会导致人员伤亡。李女士家里上个月被一场大火烧了个精光，损失惨重。火灾究竟是怎么引发的呢？原来是李女士一时心存侥幸，违反规定将电动自行车的电池带回家充电，不想却引发了火灾。李女士说，这台电动自行车是在一家品牌电动车门店买的，后又在该门店换过一次原装的锂电池，之后再没换过电池。她每隔一两周就会带电池回家充电。那天上午她出了门，中午再回家时家里已变成灾后现场，整间房子基本都被烧焦了，部分墙体还发生了轻微的变形。

事隔一个多月，到现在为止房间都充满了强烈的焦味。经鉴定，起火原因是电池发热起火引燃周围可燃物，导致建筑构件受损，过火面积约5平方米，所幸现场无人员伤亡。李女士说这次火灾产生损失超过20万元。虽然自己违规充电有过错，但更多的责任应该在于生产和销售电池的厂家和门店，如果电池是合格的，也不至于燃烧起火。后来，厂家经过鉴定，说不是他们的电池，怀疑李女士在其他地方换过电池，但李女士否认在其他地方换过电池。那么，李女士的损失该由谁来赔，厂家说自燃的电池不是他们的产品，就不用承担责任吗？

【故事评析】

消费者因产品质量问题造成人身损害或者财产损失而产生的纠纷，属于特殊的侵权纠纷。对于这种因产品缺陷致人损害的侵权纠纷，适用的是无过错责任原则的归责原则，构成要件为以下三点：一是产品存在缺陷。这是构成产品侵权的首要条件，如果损害并非因为缺陷产品导致的，那么生产者和销售者也就不需要承担侵权责任。二是损害事实的客观存在。存在缺陷的产品必须对他人的人身或财产造成实际的损害，如果产品有缺陷，但没有造成损害结果发生的，生产者和销售者的行为不构成侵权，不需要承担侵权责任。三是缺陷的产品与损害事实之间存在因果关系。一般的侵权纠纷，受害人需要举证证明侵权行为与损害结果之间存在因果关系，而产品责任纠纷属于特殊的侵权纠纷，通常由生产者和销售者对缺陷的产品与损害事实之间不存在因果关系进行举证，如果不能举证证明的，则认定两者之间存在因果关系。当符合上述三要件时，即使致害人员无过错仍应承担民事责任。

本案中，李女士的电动自行车因电池自燃引发了火灾事故，导致李女士的房子被烧焦，给李女士造成了严重的财产损失。《民法典》第一千二百零二条规定："因产品存在缺陷造成他人损害的，生产者应当承担侵权责任。"第一千二百零三条规定："因产品存在缺陷造成他人损害的，被侵权人可以向产品的生产者请求赔偿，也可以向产品的销售者请求赔偿。产品缺陷由生产者造成的，销售者赔偿后，有权向生产者追偿。因销售者的过错使产品存在缺陷的，生产者赔偿后，有权向销售者追偿。"

根据上述法律规定，对于电池自燃一事，李女士可以要求电池的生产厂家以及销售商家承担相应的侵权责任，如果生产厂家和销售商家认为不是他们的责任拒绝赔偿的，李女士可以起诉生产厂家和销售商家，同时由法院申请指定第三方机构对事故电池进行司法鉴定，初步认定事故发生的原因和事故的责任方。如果经鉴定是因为电池的质量问题而导致的火灾事故，那么生产厂家和销售商家就要承担相应的侵权责任，承担责任一方有权向造成产品质量问题一方追偿。

对于火灾事故的发生，生产厂家和销售商家要想免于赔偿，必须举证证明电池不存在缺陷或者电池与事故发生不存在因果关系，否则就要承担相应的侵权责任。本案中，生产厂家和销售商家曾对自燃的电池进行过鉴定，称电池不是他们生产的电池，怀疑李女士在其他地方换过电池，如果确实能够证明这个电池是消费者自行更换过的，不是他们生产和销售的电池，那么因事故产生的所有责任都要由李女士独自承担，而她要求赔偿损失的诉讼请求会被法院驳回。

老人被狗绳绊倒身亡，到底谁该负责？

饲养动物损害责任·限制行为能力·意外事件

【故事】

一个12岁女孩子把邻居家的一只白色大狗牵出来到市场附近玩，白狗突然挣脱束缚，拖着狗绳追逐前方另一只狗。当白狗从一位88岁的老妇人身边跑过时，狗绳缠在了老人脚踝上，导致老人面朝下摔倒。老人倒地后头部流血，120赶到现场后确认老人已经死亡。

从监控视频上看，这个追狗的女孩当时发现了倒地的老人，不但没有停留，反而小跑着离开了现场。一时间各种指责，说小女孩"冷血""自私""没有人性"等，还有人觉得应该重罚监护人。第二天，当地政府发布通报，初步认定这是一起意外事件。那么，在这起意外事件中，小女孩、狗主人、监护人等相关当事人应承担什么样的责任？老人的家属能够获得哪些赔偿？

【故事评析】

本案涉及饲养动物损害责任问题。

即使不考虑刑事责任年龄问题，这起事件也不构成刑事案件。由于小女孩对于狗挣脱绳子造成老人死亡的结果并不具有预见的可能性，因此小女孩的行为并不构成过失致人死亡，政府发布的通报中也初步判断该事件为意外事件。

从民事法律关系上讲，老人被狗身上的狗绳绊倒死亡属于饲养动物致人损害。《民法典》第一千二百四十五条规定："饲养的动物造成他人损害的，动物饲养人或者管理人应当承担侵权责任；但是，能够证明损害是因被侵权人故意或者重大过失造成的，可以不承担或者减轻责任。"本案中，在责任认定方面，适用的是无过错责任原则，也就是说狗的主人对这次损害后果的发生，无论他主观上是否存在过错，哪怕他能提供自己没有过错的证据，都要承担责任并进行赔偿，除非能证明是老人故意或者重大过失造成的摔倒。另外，《民法典》第一千二百五十条规定："因第三人的过错致使动物造成他人损害的，被侵权人可以向动物饲养人或者管理人请求赔偿，也可以向第三人请求赔偿。动物饲养人或者管理人赔偿后，有权向第三人追偿。"本案中，如果小女孩是在没有经过狗主人同意的情况下擅自把狗牵出来，从而导致老人被狗绳绊倒死亡的，那么小女孩属于有过错的第三人，她要对自己的行为承担责任。在这种情况下，老人的家属可以要求狗主人进行赔偿，也可以要求小女孩赔偿，狗主人进行赔偿后，依法享有对小女孩追偿的权利。而老人的家属可以主张的赔偿包括死亡赔偿金、丧葬费、精神损害抚慰金，如果受害人有送医住院治疗的，还可以主张医疗费、住院费、伙食费、护理费、交通费等费用。

另外要注意的是，牵狗的小女孩已经12岁，《民法典》第十七条规定："十八周岁以上的自然人为成年人。不满十八周岁的自然人为未成年人。"第十九条规定："八周岁以上的未成年人为限制民事行为能力人，实施民事法律行为由其法定代理人代理或者经其法定代理人同意、追认；但是，可以独立实施纯获利益的民事法律行为或者与其年龄、智力相适应的民事法律行为。"因此，本案中的小女孩属于限制民事行为能力人，根据《民法典》第一千一百八十八条的规定："无民事行为能力人、限制民事行为能力人造成他人损害的，由监护人承担侵权责任。监护人尽到监护职责的，可以减轻其侵权责任。有财产的无民事行为能力人、限制民事行为能力人造成他人损害的，从本人财产中支付赔偿费用；不足部分，由监护人赔偿。"因此，小女孩所造成的损害应该由她的监护人，也就是她的父母来承担相应的民事责任。

买盲盒，买惊喜还是买套路？

消费者权益·产品缺陷·侵权责任

【故事】

不少商场、书店、文具店销售文具盲盒，吸引了不少中小学生购买。像一款写着"超级惊喜盒"的文具盲盒售价13元，标注"每盒内含文具至少5—6种"，而玩具公仔类盲盒则价格较贵，一款美少女战士的盲盒售价33元。家长吴女士在书店给孩子买过一次盲盒，花了29元，拆开发现只有一支圆珠笔，她感觉太亏了。还有受访者曾试过一下子买了4个盲盒，拆开后发现其中一个公仔断成两部分，申请售后时等了许久才收到客服反馈，而且这个有质量问题的产品只换不退。在黑猫投诉平台上，与"盲盒"有关的投诉达到2.7万多条，投诉内容包括虚假宣传、商品瑕疵、售后太久等。

市民范先生认为，盲盒的不确定性很容易让人上瘾，他身边就出现过有人为了抽到"隐藏款"，一连买了十多个盲盒的案例，有种赌徒为了赢不断下注的感觉。更让范先生担忧的是，盲盒消费正在向未成年人渗透。"盲盒经济"走上正道离不开法律护航，那么，有商家将"三无"产品、残次产品或滞销产品以盲盒形式投入市场，将会受到怎样的法律处罚？消费者又该如何维权呢？

【故事评析】

盲盒的本质依然是商品，因此，从事盲盒销售的经营者应当遵守《民法典》《消费者权益保护法》《电子商务法》《产品质量法》等法律法规，如经营者违法经营应当承担相应的法律责任。《民法典》明确规定，保护民事主体的合法权益，调整平等主体之间的人身和财产关系，禁止任何组织或者个人侵犯民事主体的人身权利、财产权利以及其他的合法权益。本案中，从市民消费的角度来看，市民可以依据《民法典》相关规定实现对消费者权益的保护。

《民法典》还确定了合同的可撤销制度，从而保护消费者的知情权。经营者在提供商品或服务中，采取虚假、欺诈或者其他不正当的手段误导消费者，基于此签订的合同，属于可撤销的合同。《民法典》在民事法律行为的效力一节中规定：消费者在因欺诈等导致其意思表示不真实的情况下，有请求撤销合同的权利。这是从合同的角度保护消费者的知情权。此外，《消费者权益保护法》第八条第一款规定："消费者享有知悉其购买、使用的商品或者接受的服务的真实情况的权利。"第九条规定："消费者享有自主选择商品或者服务的权利……消费者在自主选择商品或者服务时，有权进行比较、鉴别和挑选。"第十条规定："消费者享有公平交易的权利。消费者在购买商品或者接受服务时，有权获得质量保障、价格合理、计量正确等公平交易条件，有权拒绝经营者的强制交易行为。"

因此，在本案中，消费者完全可以依据上述法律规定的知情权、选择权和公平交易权进行维权，要求商家诚信经营。《民法典》第五百八十条确定了违约方在一定情形下可以解除合同的规则，对于合同履行过程中出现矛盾纠纷的情形，双方可以通过市场监督管理局等部门调解；调解不成的，消费者可以向法院提起诉讼，请求法院通过裁判的方式解决。

盲盒最吸引人的一个点在于它的不确定性，这迎合了部分消费者的一种对赌心理、猎奇心理或社交心理，盲盒的经营模式对于没有建立理性消费观的消费者来说，可能会造成损害，特别是对于心智不成熟的未成年人，不仅是消费权益的侵害，还可能对其身心健康造成负面影响。目前，市场监管主体对盲盒经济的监管还处于"力所不及"的状态，即不知道如何监管。2022年8月16日，国家市场监管总局发布《盲盒经营活动规范指引（试行）（征求意见稿）》（以下简称《盲盒指引》）。该指引的发布具有紧迫性，也具有保护消费者合法权益的现实意义。

《盲盒指引》内容共27条，对盲盒销售的内容、形式、销售对象等方面作出了规定。针对此前市场上出现商家利用盲盒销售活体动物、食品等商品，造成消费者权益受损、食物浪费等现象，《盲盒指引》通过禁止性规定的形式进行了规范，明确药品、医疗器械、有毒有害物品、活体动物、无着快件、食品等不得以盲盒形式销售。以往有些商家会利用盲盒的外衣来掩盖价格欺诈或哄抬物价的非法目的。为了保障消费者的知情权，《盲盒指引》明确要求盲盒经营者应合理确定盲盒价格，并明码标价。更重要的是，《盲盒指引》还明确应将抽取规则、商品投放数量、隐藏款抽取概率等关键信息以显著方式对外公示，保证消费者在购买前知晓。

同时，对于"七天无理由退货"等售后服务，《盲盒指引》也有相关规定。在网购的盲盒属于单品，且做足提示的情况下，消费者拆封后，商家可以不允许七天无理由退货，但如果是整套系列产品，消费者拆封后要求整套退货，商家应当允许退货。这项规定将有利于减少部分商家提出"只要拆封就不能退货"引发的纠纷。而关于盲盒不符合质量要求的问题，《盲盒指引》也根据产品质量法规定，要求商家必须履行退货、更换、修理等义务，不得以"附赠品""抽奖品"等借口免除义务。

商家要把选购规则说清楚，不能通过后台随意调整抽取概率，不能变相诱导消费，也不能以换购、折现等方式拒绝或拖延发放盲盒，更不能设置空盒，要让消费者明明白白地消费。《盲盒指引》的相关规定信息量很丰富，堵住了以往盲盒经营中不法商家常用的销售漏洞。

男子整形后无法闭眼睡觉，是医疗事故还是医疗过错？

侵权责任·医疗过错·医疗损害责任

【故事】

对于已经年近五旬的李先生来说，肿大的眼袋一直都让他很苦恼。去年年底，他在上网时忽然弹出了一家整形美容医院的窗口。看到这则广告，李先生前往该医院，希望眼袋能得到消除。该医院的医生当天就为他做了一个血常规的检查，次日为其做了卸眼袋手术，手术全程不到一个小时，去掉的皮肤约有8毫米宽。但拆线后他发现自己的眼睛充满血丝，附近的肌肉依旧肿胀。不仅如此，他还出现视力下降、易疲劳等问题。医生表示，这是术后正常的现象。可是，一直到了过年，李先生的情况仍然没有改善，眼睛充血得很夸张，脸部的巨变还让他频频失眠，无论白天还是黑夜他都戴着墨镜。

医生告诉他，这一切都不是手术所致，而是一般做完手术的病人都会有的疤痕增生症状。只要将疤痕软化，他的脸在三个月后就会变好。他相信了医生的话，第二次走进了该医院的手术室。但没多久，更严重的情况出现了。李先生颞部神经严重受损，抬眉毛等表情动作都成为奢望，脸部不能动，眼睛下垂，眼睑下翻，双眼也闭不上。那么，李先生的遭遇是否构成医疗事故或者医疗过错？接下来，他应该怎样索赔？

【故事评析】

本案是医疗损害责任纠纷。

医疗损害通常涉及医疗过错或医疗事故。《民法典》第一千二百一十八条规定:"患者在诊疗活动中受到损害,医疗机构或者其医务人员有过错的,由医疗机构承担赔偿责任。"

医疗事故,是指医疗机构及其医务人员在医疗活动中,违反医疗卫生管理法律、行政法规、部门规则和诊疗护理规范、常规,过失造成患者人身损害的事故。医疗事故可由当地卫生管理部门进行认定。

医疗过错,是指由医疗机构或者医务人员因过错导致患者在诊疗活动中受到损害的行为。医疗过错可由司法鉴定机构进行鉴定,医疗过错司法鉴定需要就医院在医疗过程中的医疗行为是否存在过错、过错与损害后果之间是否存在因果关系以及对责任程度进行鉴定。对于医疗过错的认定,一般而言,需要进行司法鉴定证明院方或医务人员存在过错导致患者受到损害,但在以下三种情况下,可以推定医疗机构有过错。《民法典》第一千二百二十二条规定:"患者在诊疗活动中受到损害,有下列情形之一的,推定医疗机构有过错:(一)违反法律、行政法规、规章以及其他有关诊疗规范的规定;(二)隐匿或者拒绝提供与纠纷有关的病历资料;(三)遗失、伪造、篡改或者违法销毁病历资料。"

另外,在司法实践中,关于医疗机构在诊疗过程中是否存在过错、其行为与损害后果之间是否存在因果关系,除了通过司法鉴定程序得出鉴定结论认定医疗责任之外,法院还可以根据诊疗法律规范、其他机构出具的报告或专家辅助人意见,对诊疗行为存在过错及因果关系形成高度盖然性意见,对医疗机构是否存在过错和是否应当承担赔偿责任进行认定。

本案中,美容医院是否构成医疗事故或者医疗过错,需要审查医方的医疗方案、手术过程、用药护理,以及出现感染后的具体措施是否合法规范。因此,这一切都需要进行司法鉴定后才可以确定。如果当地卫生管理部门认定为医疗事故的,李先生可以根据《医疗事故处理条例》向院方主张医疗事故赔偿,李先生可以选择与院方协商解决,或者向卫生行政部门提出调解申请,也可以直接向人民法院提起民事诉讼。医疗事故赔偿数额应当考虑医疗事故等级、医疗过失行为在医疗事故损害后果中的责任程度和医疗事故损害后果与患者原有疾病状况之间的关系。

在本案中,如果经司法鉴定,认定整形美容医院存在医疗过错的,李先生可以根据《民法典》第一千二百一十八条的规定，要求整形美容医院承担赔偿责任。李先生可以向整形美容医院主张因院方过错而产生的医疗费、误工费、交通费、鉴定费、住宿费、精神损害抚慰金等费用。

在此提醒广大爱美人士，整形本身就具有一定的风险性，而且本案中李先生的年纪较大，做整形手术出现风险的概率更大。因此，在手术之前必须进行全面的检查。如果一定要做，建议找一家正规的、值得信赖的医院，不要轻信广告乱投医。真的确定要整形后，当事人一定要保留好单据和处方等，日后如出现医疗纠纷，可以通过法律手段进行维权。

硼元素严重超标的"网红玩具",竟是"三无"产品

特殊侵权·产品缺陷·儿童权益保护

【故事】

央视曾曝光市面上流行的水晶泥玩具普遍存在硼元素超标的现象,由于水晶泥质地柔软并有黏性,通过手抓等接触,儿童很容易将水晶泥中的硼砂带入口、鼻等器官,产生皮肤过敏、眼睛红肿等情况,严重时甚至会出现呕吐、腹泻、肾脏衰竭、抽搐等症状。

虽然已被证明会对儿童身体产生危害,但水晶泥的销售似乎并未受到影响,许多商场和文具店依然有水晶泥、泡芙泥等软泥甚至是液体玩具销售。在某大超市内,一款"水晶泥24色"产品摆在货架上,产品包装盒上印有"3C认证",以及"请勿让儿童吞食""内含小球,可能产生窒息危险"等警示用语。而旁边的货架上,一款黏稠液体状的"彩虹蜜语泡芙泥套装"也摆在显著位置,商品有"3C认证",也注有"内含小零件,请勿食用"的警示标语。比起超市售卖商品,部分小学周边文具店售卖的水晶泥则更"不靠谱",多款水晶泥并未标注生产日期、合格证和生产厂家等信息,也没有使用说明和注意事项。

市场上的水晶泥让人眼花缭乱,有可能通过接触、吞食对儿童造成损害。那么,如果厂家在水晶泥外包装上标明警示事项,儿童未遵守使用警示受到伤害,厂家是否可以免责?家长又该如何防范?

【故事评析】

《民法典》第一千二百零三条规定:"因产品缺陷造成他人损害的,被侵权人可以向产品的生产者请求赔偿,也可以向产品的销售者请求赔偿。产品缺陷

由生产者造成的，销售者赔偿后，有权向生产者追偿。因销售者的过错使产品存在缺陷的，生产者赔偿后，有权向销售者追偿。"

商家因销售不合格或"三无"产品等缺陷产品造成他人损害的，需承担侵权责任。销售的产品必须符合国家法律法规要求，销售者有义务保障消费者的合法权益，生产、销售假冒伪劣产品严重者可追究其刑事责任。消费者因产品质量问题造成人身损害或者财产损失而产生的纠纷，属于特殊的侵权纠纷。

如果儿童在玩耍过程中受到损害，即使产品生产商不在当地，消费者也可向当地市场监管部门反映，监管部门以侵权发生所在地为由对该商品进行管理。

本案中，商家销售儿童、婴幼儿的玩具用品等，首先要符合保护人体健康安全的基本标准，不能含有会对人体造成损害的有毒有害物质，这是底线要求。水晶泥的玩具生产商和销售商，虽然在说明书和包装上作出了相应的警示说明，但也不能免除生产者和销售者的责任。只要其含有有毒有害物质，婴幼儿误食后导致人身损害的，仍然需要承担侵权责任。家长在选购儿童、幼儿用品时，建议在商场或大型超市选购，并保留相关消费凭证。因为在商场或大型超市相对而言有一定的产品质量保证，所销售的商品销售渠道和生产厂家可进行追溯。在此也提醒广大商家，根据《民法典》第七条的规定："民事主体从事民事活动，应当遵循诚信原则，秉持诚实，恪守承诺。"商家需要恪守诚信原则，销售符合质量标准的商品给消费者，不能贪图一时之利，漠视消费者权益，营造良好市场环境，杜绝劣币驱逐良币。销售者作为商品服务的提供者，必须遵纪守法，以负责的态度守住消费者的安全底线。

此外，在追究生产者和销售者的损害赔偿责任的同时，广大家长对未成年人基本的监管责任也不容忽视，有部分面向未成年人的商品需要在家长的监管指导下使用。《民法典》第二十六条第一款规定："父母对未成年子女负有抚养、教育和保护的义务。"当家长未尽监管责任导致发生损害时，销售商家可以以家长未尽监管义务为抗辩理由减轻自身的责任，家长在选购此类商品时需要注意防范此类风险，履行好家长的监护责任。

比萨中吃出长铁钉，女子向店家索赔千元

产品责任·惩罚性赔偿金·食品安全

【故事】

王女士在一家比萨店叫了外卖，当天，她吃了一部分买来的比萨，吃剩下的一部分留着第二天继续吃。就在第二天，她将剩下的比萨加热后准备拿来吃。然而，当她咬了一口才发现，比萨里面竟然有一颗长度不到2厘米的小铁钉！随后她拍照取证，第一时间发给店家，并向其提出1000元的索赔。

根据王女士与店主的微信聊天记录，店长首先对王女士表示抱歉，店长也承认问题出自他们，但对于王女士提出的1000元的赔偿要求，该店长表示不能接受。该店长一开始只同意退两倍的比萨的钱给王女士，随后又提出由他私人赔偿200元费用给王女士，或者带她去口腔医院检查，费用由他出。然而，这些提议王女士并不接受，她自始至终坚持要求对方赔偿1000元。

那么，王女士提出的赔偿要求合理吗？叫外卖时出现食品问题，责任该如何界定？若出现食物有毒等食品安全问题，如何进行索赔？

【故事评析】

本案涉及产品责任纠纷。

时下，人们用手机软件点外卖的现象十分普遍，但消费者食用的地点不在店家，一旦外卖食品出现问题，责任该如何界定？其实不管是在传统的线下店消费，还是通过手机订餐购买，若消费者购买的食品出现安全问题，一般来说责任都是在商家，但前提是消费者要拿得出经得起推敲的证据。

《民法典》第一千二百零二条规定:"因产品存在缺陷造成他人损害的,生产者应当承担侵权责任。"第一千二百零三条第一款规定:"因产品存在缺陷造成他人损害的,被侵权人可以向产品的生产者请求赔偿,也可以向产品的销售者请求赔偿。"第一千二百零五条规定:"因产品缺陷危及他人人身、财产安全的,被侵权人有权请求生产者、销售者承担停止侵害、排除妨碍、消除危险等侵权责任。"《食品安全法》第五十五条第一款规定:"餐饮服务提供者应当制定并实施原料控制要求,不得采购不符合食品安全标准的食品原料……"

根据上述法律规定,消费者用手机点外卖,与商家之间就产生了食品买卖合同关系。无论是线下当场消费,还是购买之后回家消费,或者是通过网络订餐的途径来消费,只是消费的场所和时间不同而已。线下和线上消费的区别在于,前者出现问题之后可以及时与商家沟通,当场解决问题,有利于商家及时获知信息,固定相关的证据。而对于非现场的消费,如果消费者遇到类似的食品安全问题,如发现所购买的食品发生了变质或者是有异物,那么消费者应该第一时间把证据固定下来。

若出现食物有毒等食品安全问题,商家拒绝赔偿的,消费者又该如何进行索赔?如果消费者在日常消费过程中,发现食品的材料有问题,当场固定证据后,可以第一时间向食品药品监督管理部门进行举报,也可以向工商行政管理部门进行举报,或者拨打12315求助消费者权益保护组织。在举报的过程当中,最重要的是自己要固定证据,而且提交证据要及时。固定证据后,消费者应及时跟商家沟通,沟通的过程也要做好录音保全。

此外,为了获取更进一步的证据,界定各方的责任,消费者也可以把出现问题的食品拿到相关检验检测部门进行检验检测,取得相应的鉴定意见。有了这些证据,就比较容易界定各方的责任了。比如说,吃出有毒有害物质到底是食材、生产源头的问题,还是销售者的问题;是运输过程的问题,还是消费者自身保存不当所导致,通过检验是可以界定的。如果消费者已经食用完有毒有害食品,无法将食物进行固定或者检测,当身体出现不舒服的状况时,作为消费者想要索赔的话,就应当立即前往医院做检查,拿到医院的检查报告。

消费者在索赔的过程中,除可以要求商家赔偿损失外,还可以要求商家支付赔偿金。《食品安全法》第一百四十八条第二款规定："生产不符合食品安全标准的食品或者经营明知是不符合食品安全标准的食品，消费者除要求赔偿损失外，还可以向生产者或者经营者要求支付价款十倍或者损失三倍的赔偿金；增加赔偿的金额不足一千元的，为一千元。但是，食品的标签、说明书存在不影响食品安全且不会对消费者造成误导的瑕疵的除外。"因此，王女士提出1000元的赔偿要求是合理的。

骑手撞人没钱赔，何不设立"电动车交强险"？

侵权责任·交通事故·保险赔偿

【故事】

正在自家工作室门口忙碌的彭女士，被一辆疾驰而来的电动车直接撞在腰部，重重摔在马路上。彭女士当即被送往医院紧急救治，医生检查后发现，彭女士出现颅内损伤和头皮挫伤。在事故现场，撞伤彭女士的外卖骑手也不知所措。原来，该外卖骑手林某是一名只有18岁的大学生，听说当外卖骑手时间自由，他本想着趁假期兼职送外卖赚一些零花钱，电动车也是用家里人的，没想到刚上班就出事了。通过调取现场监控视频发现，事发当时，林某正通过手机抢单，他边开着电动车边用手指点击手机屏幕抢单，行驶速度非常快，所以才撞到了人。

林某的电动车没上牌，没买保险，第三方平台也没有为他购买意外保险。事故发生后，林某虽态度较为诚恳，但他表示自己没有任何收入来源，电动车也没有购买商业保险，如果彭女士想要获得医疗赔偿，得向外卖平台或第三方平台索赔。彭女士的丈夫随后通过电话向外卖平台和第三方平台咨询赔偿情况。对方表示，第一，需要交警出具事故责任认定书，认定外卖骑手负全责；第二，需要走法律渠道，由法院认定外卖平台或第三方平台担责。只有这样他们才愿意赔偿。彭女士在医院住了近一个星期，自费交了1万多元医疗费。

那么，像林某这样的外卖骑手如果撞了人，受害人是不是就没办法获赔？

【故事评析】

彭女士所遭遇的交通事故属于人身损害侵权责任纠纷，但该交通事故不属于机动车交通事故，因为林某驾驶的电动车在法律上定义为非机动车，不适用机动车交通事故的归责方式。

《民法典》第一千一百六十五条规定："行为人因过错侵害他人民事权益造成损害的，应当承担侵权责任。依照法律规定推定行为人有过错，其不能证明自己没有过错的，应当承担侵权责任。"第一千一百七十九条规定："侵害他人造成人身损害的，应当赔偿医疗费、护理费、交通费、营养费、住院伙食补助费等为治疗和康复支出的合理费用，以及因误工减少的收入。造成残疾的，还应当赔偿辅助器具费和残疾赔偿金；造成死亡的，还应当赔偿丧葬费和死亡赔偿金。"根据以上法律规定，彭女士可以向外卖骑手林某主张人身损害赔偿，但林某并未购置任何保险，只能由林某本人承担赔偿责任。

至于彭女士能否主张向外卖平台和第三方平台索赔，可以主张用人单位责任或证明外卖公司在此次交通事故中存在过错责任向平台方索赔。《民法典》第一千一百九十一条规定："用人单位的工作人员因执行工作任务造成他人损害的，由用人单位承担侵权责任。用人单位承担侵权责任后，可以向有故意或者重大过失的工作人员追偿。劳务派遣期间，被派遣的工作人员因执行工作任务造成他人损害的，由接受劳务派遣的用工单位承担侵权责任；劳务派遣单位有过错的，承担相应的责任。"本案中，外卖平台可能会抗辩与骑手不存在用工关系，仅为合作互利关系，故主张用人单位责任可能较为困难。彭女士也可以主张外卖平台管理不善，未对骑手进行交通安全培训，未合理购置相关责任保险，采取合理措施避免风险产生，认为外卖平台公司存在过错，也需要对交通事故承担侵权责任。

笔者关注电动车行业多年，之前曾代理多起电动车驾驶过程中外卖员撞伤别人或者自己被撞伤后出现的纠纷。在《电动自行车使用技术条件》当中，对国标电动车作了规定，除了以电池作为动力这个硬性条件之外，在车速、重量等一些细节方面都要符合要求：第一，有脚踏骑行功能，形状酷似自行车；第二，车速不能超过25km/h，设定了车速报警声；第三，重量不能超过55kg；第四，电压不能超过48V，电机功率不能超过400W。但实际上，随着近年来技术的革新，如今的电动车早就突破了传统意义上人们对电动车的理解。电动车作为外卖行业最主要的交通工具，引发的交通安全事故和纠纷也越来越多。也就是说，如今的电动车已经不是人们通常意义上理解的电动车了，电动车的速度在60km/h以上已是常态，经过改装后甚至速度能达到100km/h，但我们对电动车的安全管理还没有跟上。

因为电动车是非机动车，不像小汽车一样必须买交强险，电动车驾驶员也不必考驾照即可驾驶，所以一旦电动车上路发生交通事故撞伤了别人，驾驶者本人又没有理赔能力，就会陷入"撞了白撞"的尴尬境地。尽管伤者可以通过走法律渠道要求驾驶者赔偿损失，但这个过程较为漫长，很多当事人都会放弃。现在平台多已将送餐业务进行外包，外卖骑手和平台与第三方实际上都不是劳动合同关系或雇佣关系，一旦发生事故，平台公司就成了"甩手掌柜"，要追究平台的责任，难度很大。即便平台为外卖骑手购买每天3元的意外保险，一旦骑手发生交通事故导致他人或骑手本人出现重伤，这3元保险发挥的作用十分有限。骑手意外身故伤残最高赔付10万元，按照伤残等级给付，意外住院医疗最高赔付1万元。而案例中骑手将彭女士撞伤，赔付也不过1万元封顶。一旦骑手将别人撞伤住院，导致骨折或者颅内损伤，这1万元可以说是杯水车薪。如果外卖骑手没有买保险或者保险尚未生效，而骑手又没有赔偿能力，就会陷入"撞了白撞"的局面，被撞伤的群众不论是向骑手还是平台索赔，都困难重重。

尽管骑手身着平台统一标识的服装，但实际上与平台没有劳动关系，骑手与平台之间是非常松散的合作关系，一旦发生交通事故，除正常商业保险赔付外，大多由骑手自己或外包公司承担责任。

为此，笔者建议，第一，随着外卖行业使用电动车频率越来越高，应该设立电动车"交强险"，让电动车交通事故中的受害人及时得到救治或追偿，避免"撞了白撞"。第二，外卖平台应调整对外卖骑手的考核机制，建立起一套科学、完善的考核体系，那些交通事故少、违章记录少的外卖骑手应该得到奖励。

劝酒要负法律责任吗?

侵权责任·过错原则·习惯

【故事】

电话邀好友,一起去喝酒。举杯就得干,不干是小狗。酒后各自走,醉倒摔断手。同饮送医院,家属翻脸吼。

阿秀的老公和几个朋友一起去喝酒,喝多了摔了一跤,手摔断了,后来共同饮酒的人送他去了医院,医生说要花几万元的治疗费。这种情况其实很多见,朋友同事们平时聚餐时劝别人喝酒,被劝酒的人出了事,共同喝酒的人要不要承担法律责任?

【故事评析】

本案涉及侵权责任纠纷。

大家一起喝酒时,如果因为劝酒,被劝的人喝醉了,导致醉酒的人人身伤害,包括意外死亡等,在这些情况下,按照以往的法律规定和司法实践的判例,共同饮酒的人多数情况下要分担风险,也就是适用风险共担原则来处理。当然,具体案件还要具体分析。案件的细节不同,劝酒的程度不同,证据证明力不同,都可能最终决定裁判结果上的差异。

一方面,共同喝酒行为,赋予同行人相应的注意义务。另一方面,如果出现劝酒的行为,且相对人被劝饮酒并造成损失,劝酒人应当在自己过错的范围内承担相应的责任。这里的过错,指的是劝酒人是否明知对方不胜酒力而劝之,或者是没有消除对方喝酒后可能遭受伤害的风险等。

《民法典》中和饮酒有关的条款主要有两条。其中,第一千一百九十条第二款规定:"完全民事行为能力人因醉酒、滥用麻醉药品或者精神药品对自己的行为暂时没有意识或者失去控制造成他人损害的，应当承担侵权责任。"这里说的是民事行为能力问题。简单地说，这条规定的是喝醉的人要对自己的行为后果承担责任，跟是否被劝酒基本关系不大。另一条是第一千一百七十六条，该条第一款规定："自愿参加具有一定风险的文体活动，因其他参加者的行为受到损害的，受害人不得请求其他参加者承担侵权责任；但是，其他参加者对损害的发生有故意或者重大过失的除外。"

笔者认为，这条可以在饮酒劝酒场合中适用。就饮酒这种行为而言，大多数情况下，它是一种追求身心愉悦的娱乐行为。在这种行为中，参与饮酒的主体都是受益者。事实上，《民法典》之前的法律规范和司法实践，正是基于认为饮酒是大家受益的行为，根据受益和风险共担原则进行裁判的。

饮酒和酒文化在中国有着悠久的历史，所谓无酒不成席，小酌怡情，我们既要尊重传统习惯和传统文化，又要摒弃过度劝酒的恶习。亲朋好友聚在一起互相碰一杯，一般没什么问题。喝与不喝，喝多喝少，只要你是成年人，有完全行为能力，对自己的身体状况是清晰的，每个人都是自己事务最好的管理人，不能依赖于别人替你去管理。如果自愿饮酒，因饮酒过量导致了自身伤害，由当事人自己承担责任。我们可以尊重这些传统。事实上，《民法典》总则中，就规定了处理民事纠纷，在法律没有规定的情况下，可以适用习惯。但《民法典》同时规定，处理民事纠纷依据的习惯，是那些良好的、有益于社会发展和进步的习惯，而不是违背公序良俗的恶习。

在实践中，如果劝酒者仅仅是"少喝点，助助兴""喝还是要喝点，随意""大家都喝，你好意思不喝？"这类劝酒，一般不应认为过分劝酒，不构成法律上的故意或重大过失。但有些地方劝酒的风气很盛，比如说"不喝不行""不喝酒的，赶紧走人！""这杯谁不喝谁是×××！"这类劝酒带有威胁恐吓、人格侮辱的成分，虽然有些场合下接近于开玩笑，但在大庭广众之下，事实上会给被劝者带来一定的思想和精神上的压力。酒后一旦出了事，导致人身损害的，上升到法律纠纷层面，把证人证言、现场录像等证据拿到法庭上，这就不是开玩笑那么简单了，它会成为呈堂证供，会成为法庭认定劝酒者有没有故意或者重大过失的证据。

小孩在酒楼吃饭被烫伤，谁的责任？

侵权责任·安全保障义务·未成年人保护

【故事】

有个酒楼新开张，一家人去酒楼用餐。从事发后的视频可以看到，视频里一个小孩正常走路，没有追逐打闹，因为地面太滑就滑倒了。餐桌旁边有一个铁壳插架，正好上面有壶热水，把孩子烫伤了，孩子身上和头部伤势严重。

现在双方对赔偿出现争议，酒楼方没说自己没责任，只是说给15000元补偿，同时认为家长也有没尽好看护的义务。但家长认为孩子没有打闹，是酒店方的责任。

那么，这个案例中双方的责任应该如何划分？酒店怎样对伤者进行赔偿？

【故事评析】

本案是人身损害赔偿纠纷。

《民法典》第一千一百九十八条规定："宾馆、商场、银行、车站、机场、体育场馆、娱乐场所等经营场所、公共场所的经营者、管理者或者群众性活动的组织者，未尽到安全保障义务，造成他人损害的，应当承担侵权责任。因第三人的行为造成他人损害的，由第三人承担侵权责任；经营者、管理者或者组织者未尽到安全保障义务的，承担相应的补充责任。经营者、管理者或者组织者承担补充责任后，可以向第三人追偿。"根据上述规定，酒店、商场、超市、银行、体育场馆等营利性的经营场所，场所的所有权人、管理人，或者经营主体，对在这里消费的人群，负有安全保障义务。

所谓安全保障的义务，就是这些经营场所的经营者要保证每一个进入这个场所消费的人生命和财产的安全。根据视频所呈现的内容来看，小孩摔倒是因为地面湿滑，而地面湿滑的责任应该由酒店来承担。酒店要把地面清理干净，如果哪里有水，或者哪里有可能滑倒，酒店都要及时进行清理，这是酒店的义务。因为酒店没有注意到这些细节，没有尽到这些安全保障的义务，从而导致小孩摔倒并且被烫伤，酒店的过错比较大。

另外，酒店在摆放相关的设备设施的时候，比如说烧水的用具，应该是稳固的，而且能够防止意外情况的发生。或者对那些参与消费的主体，有未成年人的，要做谨慎必要的提醒，或者竖一个警示牌，这也是对酒店经营者提出了更高要求。当然，小孩在走动的过程当中，因为脚下湿滑而摔倒，碰倒了水壶，热水洒到了她的身上，对她造成了伤害。在这种情况下，家长也有一定的责任。家长的责任在于，未对未成年人进行相关的安全教育，以及履行相应的监护职责。监护职责应该也涵盖了进入这种场所之后，应当尽到谨慎的义务，如家长要教育孩子不能随便地走动或者打闹等。

关于赔偿的项目，就这类人身伤害案件而言，侵权行为人应赔偿受害人的项目包括医疗费、住院期间伙食补助费、住院期间的护理费，小孩将来可能进行的整容整形等后续治疗费用，如果因为这次烫伤构成残疾的，还包括残疾赔偿金，如果导致受害人精神损害，可能还要赔偿精神损害抚慰金。此外，对于家属和小孩在就医过程中，以及处理这件事情的过程中所产生的交通费、误工费也应赔偿。

小孩在幼儿园摔伤，责任谁担，损失谁赔？

侵权责任·无民事行为能力人·教育机构责任

【故事】

某幼儿园有个小朋友玩的时候摔倒了，怀疑是撞在了花坛上，受伤挺严重的，头上弄了一个很大的伤口，流了很多血。家长情绪很激动，说幼儿园的监控没有拍到具体过程，所以还原不出真相，解释不清小朋友为什么会摔倒受伤。出事后小朋友被送去了医院。

家长心情很差，担心会对小孩子造成心理影响。听其他小朋友说，当时他们玩耍时是有老师在场的，但是老师走在前面，他们跟在后面，大概在30多米的范围内。那个小朋友可能是不小心摔倒后撞在了花坛上。园长承认老师在看管小孩子的时候，可能存在一点点疏忽，他们要和公安、教育等部门沟通之后，再和家长谈赔偿的事情。园长说现在小朋友除了一个外伤伤口，身体其他部位都没问题。出事后，幼儿园重新安装了监控。

那么，小朋友在幼儿园摔伤了，幼儿园要对此担责吗？类似事件对小孩子造成的心理影响怎么评价或者评估？

【故事评析】

本案属于教育机构责任纠纷。

《民法典》第二十条规定："不满八周岁的未成年人为无民事行为能力人，由其法定代理人代理实施民事法律行为。"第一千一百九十九条规定："无民事行为能力人在幼儿园、学校或者其他教育机构学习、生活期间受到人身损害的，幼儿园、学校或者其他教育机构应当承担侵权责任；但是，能够证明尽到教育、管理职责的，不承担侵权责任。"

上述规定中提到的侵权责任，具体指的是：第一，在时间上，在幼儿园、学校和其他教育机构的教育、教学活动中；第二，在空间上，在幼儿园、学校和其他教育机构负有管理责任的校舍、场地、其他教育教学设施、生活设施中；第三，存在过错，由于幼儿园、学校或者其他教育机构未尽教育、管理职责；第四，导致损害，使无民事行为能力人遭受损害。在符合以上情形时，学校、幼儿园或者其他教育机构应当承担与其过错相应的侵权责任。

但实际中，导致在校无民事行为能力人人身损害发生的原因很多，有因校方提供的设施、物品不合格，有因学生之间互相嬉戏、玩耍等各种原因造成的人身损害。

因无民事行为能力人的特殊性，智力发育还很不成熟，对事物的认知和判断均存在着较大缺陷，不一定能辨认或者不能清楚了解自己行为的后果，所以学校应当更多地履行保护孩子身心健康的义务。无民事行为能力人在幼儿园、学校或者其他教育机构学习、生活期间，超越了监护人的控制范围，其监护职责实际上是转移给教育机构临时承担的。如果无民事行为能力人受到人身损害，此时要让无民事行为能力人或者其监护人来证明学校的过错是非常困难的。因此，《民法典》侵权责任编继承了原《侵权责任法》的规定，对校方的责任采用了过错推定原则，即学校需证明已经尽到了相当的注意并且实施了合理的行为，才能达到免责的目的。这样，对学校、幼儿园和其他教育机构的侵权责任作出适当的界定，既维护了未成年人的合法权益，又维护了教育机构的正常教学秩序和管理秩序。

在本案中，在幼儿园学习的小朋友年龄可以推定不超过8岁，属于《民法典》中规定的无民事行为能力人。本来无民事行为能力人的民事行为能力是要靠他的监护人来代理的，也就是说一般情况下都是由父母来履行监护的职责，但是把该无民事行为能力人送到教育机构，送到幼儿园，送到学校之后，学校和幼儿园就承担起了这部分义务，也就是说要根据孩子的年龄状况、特征、特点，尽到相应的教育和管理职责，也就是对他有提醒的义务，保护的义务。

尤其是幼儿园的小朋友，依赖教育机构或者教育机构工作人员的管理和教育程度应该更高，也就是说幼儿园对小朋友所应履行的教育管理职责会更严格，那么在这种情况下，如果因为幼儿园或者幼儿园的老师没有尽到相应的义务，导致这个小朋友受到了意外伤害，那毫无疑问，应由幼儿园来承担相应的赔偿责任。赔偿范围包括赔偿医疗费、住院伙食补助费、必要的营养费，也包括其父母为了照顾他，在就医或处理事故期间所产生的误工费等费用。如果因伤致残的话，整形美容的费用、残疾赔偿金、后续的治疗费以及精神损害抚慰金、交通费等都应该由幼儿园来承担。

从民事责任的角度来说，幼儿园应当承担的责任就是我们以上所说的。除此之外，对于发生了这一类教学事故的幼儿园，还要要求其作出相应的整改，比如如何杜绝类似的事情？如何加强对教职员工的安全警示教育的培训和引导？如何对未成年人开展安全警示教育？此外，教育行政主管部门对这类幼儿园有权进行处罚，这是使其承担的行政法上的责任。

鳕鱼里有寄生虫，超市称是正常现象

消费者权益·知情权·食品安全

【故事】

徐女士花了305元，先后在某超市购买了3盒南极银鳕鱼（儿童装）及1盒同品牌的鳕鱼扒。有一天，徐女士在清洗鱼肉时，突然发现鳕鱼块的横切面有红点，她用手撕开鱼肉，发现里面有一条条寄生虫。徐女士来到超市投诉，超市的前台及生鲜部经理先后回应称，鳕鱼里出现寄生虫是正常现象，而且是无害的。徐女士无法接受这样的说法，她的儿子才11个月，已经吃了几盒这种含有寄生虫的鳕鱼，万一有寄生虫在孩子体内存活，后果不堪设想。

见超市方一直推卸责任，不愿意解决问题，徐女士遂拨打市报爆料热线。她的维权诉求是，希望超市方能带她儿子前往医院做身体检查，确保未感染寄生虫，同时下架该款鳕鱼并退还305元购物款。最后经过沟通协商，超市方承认该鳕鱼存在质量问题，并同意了徐女士提出的维权诉求，双方达成和解。超市方当场就退还货款给徐女士，并表示这两天将派人陪同徐女士带儿子前往专业儿童医院检查身体，同时已第一时间下架了该鳕鱼产品。

那么徐女士提出的维权诉求合理吗？超市方如果故意隐瞒食品含有寄生虫并销售给消费者，属于什么行为？

【故事评析】

这个案例涉及消费者权益的保护，消费者与商家构成买卖合同关系。

《民法典》第五百七十七条规定："当事人一方不履行合同义务或者履行合同

义务不符合约定的,应当承担继续履行、采取补救措施或者赔偿损失等违约责任。"商家销售给消费者的食品应当符合国家规范标准,商家作为销售者有义务提供安全的食品给消费者。《消费者权益保护法》第七条第一款规定:"消费者在购买、使用商品和接受服务时享有人身、财产安全不受损害的权利。"第八条第一款规定:"消费者享有知悉其购买、使用的商品或者接受的服务的真实情况的权利。"

根据上述法律规定,超市有义务提供安全、合格达标的食品,有义务保障消费者的食品安全。消费者有权根据商品或者服务的不同情况,要求经营者提供商品的价格、产地、生产者、用途、性能、规格、等级、主要成分、生产日期、有效期限、检验合格证明、使用方法说明书、售后服务或者服务的内容、规格、费用等有关情况。消费者有权要求经营者提供的商品和服务,符合保障人身、财产安全的要求。消费者的知情权和选择权是非常重要的。

也就是说,既然商家认为有寄生虫仍符合人体食用标准,那就要告知消费者,让消费者有权选择购买或不购买。商家故意隐瞒食品含有寄生虫并销售给消费者,消费者发现后又以食品无害为理由,实际上已构成欺诈行为。按照《消费者权益保护法》,商家构成欺诈行为,需要对消费者承担惩罚性的赔偿,不仅是下架和退款,还要进行价款的三倍赔偿,赔偿不足500元的按500元赔偿。

本案中,商家说鳕鱼里有寄生虫属于正常现象,这种说法有待求证。鳕鱼里出现寄生虫,实际上是属于食品的质量问题,也属于食品安全问题。食品当中,尤其是冷冻食品或鲜活食品,如果出现寄生虫,至少要做无害化处理,像灭菌、灭虫处理后,如果符合人体食用的标准,才可以进行销售。更为重要的是,商家将带有寄生虫的食品销售给消费者,但销售过程中又没有事先声明,那么,商家的行为已涉嫌侵犯消费者的知情权。消费者在购买过程中,需要保留相关消费小票作为证明,一旦出现食品安全事故、食物中毒等情况,可以向消费者协会反映投诉或者采取法律行动,提起民事诉讼要求食品销售商家或食品生产商赔偿。

食品安全不容忽视,食药监管部门需要对商家销售的生鲜食品提起重视,对产品来源进行溯源监管,属于进口食品的则海关部门需要严格审批,市场监管部门需要对销售不合格食品的商家进行行政处罚,对销售假冒伪劣产品的商家,情节严重者,追究其刑事责任。

代后记

我和媒体的不解情缘

在我的手机通讯录里，排在最前面组群里的是我的太太、兄弟姐妹和孩子，紧随其后，排在第二位的，不是公检法司政府机构，也不是我的客户，而是媒体编辑记者的电话。我和媒体的渊源，应该追溯到我读大一那年。那年我参加了校报组织的新闻写作培训班，借此契机，我有幸走进报社，近距离地接触编辑和记者。后来，因为经常到校报投稿和担任校报记者团团长职务，我还和当地日报、矿工报、电视台的编辑、记者们有了交集。我的专业是法学，毕业实习一般都是到公检法机关。但对写作的热爱和对媒体工作的向往，甚至影响了我的毕业实习选择——我想到报社实习。这个想法昙花一现，我最终还是去了区法院，在那里完成了我的毕业实习。

临近毕业，我们都在"双向选择"的指挥棒下，寻找着自己的未来。当同学们普遍对公检法司"趋之若鹜"时，我却"一意孤行"，把求职的目光坚定地投向报社。那时还没有自媒体，报社也是公家单位，作为改革尝试的晚报彼时正悄然兴起。进日报社工作，需要一定的人脉关系，进晚报社，相对容易一些。我捧着自己在校期间发表的百余篇作品，奔走于常州、合肥、济南、淄博、青岛、烟台、威海、广州等地，除《新安晚报》《华夏酒报》拨打了我留在求职信上的传呼机外，其他投递出去的求职信和所附的作品复印件，如泥牛入海，杳无音信。

其中，给了我这个素昧平生的求职者最高礼遇的是《华夏酒报》的老总。他看上去有六七十岁的样子，躺坐在黑色皮革磨损得花纹斑驳的沙发上，给我讲述《华夏酒报》和茅台酒光辉的历史。说来惭愧，那时的我，根本不知道这位老总说的茅台意味着什么。我满脑子想的就是当一名记者，采访、写作、发表、有工资、有稿费。遗憾的是，这次面试之后，当我满怀信心地等着那位老总通知我上班时，他却建议我做他的广告推销员，这与我的写作梦想相去甚远，只好婉拒。

校报总编辑张秉政先生见我求职屡屡铩羽而归，很想帮我实现靠写作谋职的愿望。他打电话给中文系，问中文系是否需要留校生，打电话给图书馆，看能不能推荐我先做个图书管理员。在得到这些部门都没有招收留校生的答复后，张秉政先生写了一封亲笔信，向时任《新安晚报》的主编推荐我。在一个细雨蒙蒙的午后，在《安徽日报》陈旧的办公室里，我从书包里掏出先生的亲笔信，双手托着，把它小心翼翼地交到主编手里。主编人很瘦，年龄50岁左右，他打开信封，抽出信，看了看，脸上浮现出略带轻蔑，又略显无奈的表情，嘴角微翘，鼻翼轻轻哼了一下，说："张秉政现在弄啥子呢？""张老师是我们校报的总编……"我赔笑答道。

离开晚报社，一想到那位主编的表情，我对入职这家报社也就不抱什么希望了。但让我意想不到的是，过了几天，我居然收到报社的通知，让我去合肥考试。那是我参加过的最尴尬的一次考试。考试分为笔试和实践两个部分。笔试的试卷上大多是新闻专业的问题，有一定的理论深度，当然，大多数题目我都不敢下笔作答。

笔试之后，我们被要求离开报社，到合肥的大街小巷自由活动，任务是寻找感兴趣的新闻，然后写一篇新闻稿，在下午下班之前交回报社，然后就可以各自回去等通知了。我第一次来合肥，走在大街上，晕头转向的。我先到一个文具店，买了一本稿纸，然后开始寻找新闻。后来不知怎么撞到一个商场里，商场的一家金店在搞促销活动，我看着挺新鲜，就写了一篇金店促销的新闻稿……不出预料，稿子交上之后，我再也没有收到晚报社的任何通知了。

此处不留人，自有留人处。为了实现我的写作梦想，我参加了济南、烟台、威海等地的大中专毕业生招聘会。在一位师兄的举荐下，《威海晚报》社有了消息反馈。报社广告部的门姓总经理还亲自约了我，我们进行了一次类似面试的简短谈话。他告诉我，直接进晚报社当记者，没有关系不行，他建议"我曲线救国"，先到他的广告部做业务员，以后有机会再去做记者。这个建议和《华夏酒报》老总的建议如出一辙，显然不符合我的期待。

后来，我辗转来到广东，在被《深圳特区报》《信息时报》拒绝后，为了生存，我放弃了自己当记者的梦想，误打误撞在佛山做起了律师，当我爱上案卷和法庭后，把当记者编辑的梦想，彻底抛到了九霄云外。但我的写作热情却从未消减，我的作家梦也从未醒来。也许是当年欲求不能留下的病根，我对媒体，一直心存向往，对在媒体工作的编辑记者，心存敬意。

二十一世纪的前十年，时评方兴未艾，评论写作成为我那段日子打发空余时间的一剂良药，法学的底子，加上对新闻的敏感，我发表的评论文章几乎都是法治评论。文章发表得多了，自然和媒体编辑记者也熟了，以文会友，我的通讯录里居然积攒了580多个媒体朋友的电话号码。

律师职业使然，记者们在采访写作中遇到法律问题，自然就会想到我。他们的问题，只要我能力所及，我总能不厌其烦地耐心解答。有时开庭或者开会，有记者朋友的未接来电，我赶紧打回去，生怕耽误了他们的交稿时间。后来有了微信，我用标准的普通话，尽量简洁明了地在微信中回复记者的提问，他们只要用语音转换文字，就可以复制到他们的文稿里，省了打字的劳烦。再后来，接受采访的经验多了，我建了几个媒体访谈微信群，我的助理也在群里，记者把问题发到群里，我用语音解答，我的助理协助我整理成文字，再发到群里，记者们下载就可使用。

其实，于律师职业而言，法庭上辩论，写评论文章，接受媒体访谈，归根结底都是表达。表达是律师的集体欲望。对于普通写作者而言，被倾听、被阅读，是写作者最大的幸福。从这个角度看，与其说我帮助记者朋友们解答了问题，不如说他们给了我表达自己观点的机会和舞台，实在是比什么都幸福的事。这也是我和我的律师所特别看重媒体访谈工作的根本原因。

除了表达以外，解答媒体提出的问题还能为公众提供用法治思维解决问题的方法。执业20多年来，刊发或播出我法律观点的媒体有：中央电视台、东方卫视、广东卫视、佛山电视台、佛山电台、《人民政协报》《法治日报》《人民法院报》《检察日报》《南方日报》《南方都市报》《广州日报》《羊城晚报》《新快报》《打工族》《佛山声屏报》《珠江青少年报》《杂文报》《佛山日报》《信息时报》《珠江时报》《珠江商报》《上海法治报》《都市快报》、正义网、佛山新闻网，等等。

电视台的访谈，记者们的采访，大多与那时发生的新闻或者热点话题有关，我在节目和采访中发表的观点，几乎都是法律解答。为了收集整理这些散落在各类媒体上的资料，大约六年前，我创办的广东宝慧律师事务所专门招聘了几位工作人员，她们采用最简单的方式，用百度搜索我的名字，尽可能地下载互联网上可以找到的这些资料。

整理过程中，我们惊讶地发现，这些散碎的信息，居然有数百万字之多。其中涉及合同、违约、缔约过失、损害赔偿、不动产、房屋买卖、集资、教育、继承、婚姻、抚养、收养、赡养、行为能力、监护、失踪、死亡、名誉权、荣誉权、姓名权、肖像权、隐私权、性骚扰、个人信息、交通事故、医疗纠纷、物业管理、汽车买卖、租赁、外嫁女权益、土地纠纷、宅基地、企业破产、股权、合伙、联营、矿产开发、移民、留学、旅游、消费者权益保护、共有权、建设工程、劳务、雇佣、劳动、中介合同、运输、物流、航空、海事、合伙、不当得利、无因管理、居住权、相邻关系、美容、欺诈、情感、借贷、诉讼时效、抵押、担保、留置、体育比赛、著作权、商标、专利、代理、个体户、村民自治、村规民约……林林总总，五花八门，这几乎涵盖了《民法典》规定的所有内容。

2021年，《民法典》开始施行。在被遴选为省市区三级民法典讲师团讲师后，我为党政机关、事业单位、妇联、工会、团组织、商协会、工业园、媒体、企业、学校、村居、幼儿园讲授《民法典》120余场次，线下线上听众数十万人次。

我和我的团队还组建了"1分钟学法公益群"，每天发布1分钟的视频，为公众讲解《民法典》，每天1分钟，我们大约要用10年的时间，可以完整地讲完《民法典》。我们的口号是：每天一分钟，学法很轻松！

在做1分钟公益普法项目时，我们一边做视频，一边整理文字。我们计划把这些文字结集出版，同时附赠视频，供读者学习《民法典》。受这个项目的启发，我和我的助理们开始整理前文所述零散的解答文字。为了便于归类整理，也方便读者阅读，我们按照《民法典》的体例，把这些零散的法律解答归纳为"总则""物权""合同""人格权""婚姻家庭""继承""侵权责任"七编，这便是本书的由来。

坦率地说，出版这些文字，我是心存忐忑的。一则是这些文字毕竟是口语化表达，实在是解答记者和读者提问的"应景之作"，没有理论深度。二则时过境迁，法律不断修正更新，当年的凿凿之言，已世殊时异，今非昔比了。好在法律的基本原理及人们追求文明、公平、正义的基本法则没有改变。以往的这些法律故事，用《民法典》的尺子，重新度量和解读，仍可焕发出新的生机和活力。诚如肖胜方先生在为本书撰写的序言中所说的："这本书既是总结，也是再出发的号角。"

十三届全国人大代表、广东省律师协会会长肖胜方先生在百忙之中为本书倾情作序，他的点睛之笔，让拙作辉泽倍增。中国法制出版社编辑王悦女士，帮助我完成了本书的编辑出版的繁杂事务。我的助理余心沅、杜嘉杰、黄伟信、林彦谷、黎枫、李冠霖、王焕之、王佳靖以及好友孙春云先生协助我做了法条梳理工作和资料整理工作，在此一并致谢。

2023年5月3日于佛山

图书在版编目(CIP)数据

故事里的民法典 / 蔺存宝著. —北京：中国法制出版社，2023.7（2023.11重印）
ISBN 978-7-5216-3603-1

Ⅰ.①故… Ⅱ.①蔺… Ⅲ.①民法－法典－中国－通俗读物 Ⅳ.① D923-49

中国国家版本馆 CIP 数据核字（2023）第 096844 号

策划 / 责任编辑：王　悦（wangyuefzs@163.com）　　　　　　封面设计：周黎明

故事里的民法典
GUSHI LI DE MINFADIAN

著者 / 蔺存宝
经销 / 新华书店
印刷 / 北京虎彩文化传播有限公司
开本 / 710 毫米 × 1000 毫米　16 开　　　　　　　印张 / 14.5　字数 / 220 千
版次 / 2023 年 7 月第 1 版　　　　　　　　　　　　2023 年 11 月第 2 次印刷

中国法制出版社出版
书号 ISBN 978-7-5216-3603-1　　　　　　　　　　　　　　　定价：49.80 元

北京市西城区西便门西里甲 16 号西便门办公区
邮政编码：100053　　　　　　　　　　　　　　　　　传真：010-63141600
网址：http://www.zgfzs.com　　　　　　　　　　　编辑部电话：010-63141831
市场营销部电话：010-63141612　　　　　　　　　印务部电话：010-63141606
（如有印装质量问题，请与本社印务部联系。）